暮らしの中の
ちいさな手しごと

刺し子の小ものとお繕い

飯塚咲季

日本ヴォーグ社

大学進学をきっかけに、山形で約10年過ごしました。
専攻は絵画でしたが、絵を描くよりも
自然とともに生きた人々が生み出した
その土地ならではの暮らしの知恵に興味を持ち、
フィールドワークを通して
地域の人の生き方に触れました。
近所の農家の方が届けてくれる規格外の野菜を
リヤカーを引いて販売するなど、
地域で活動をする中で
自分で暮らしを創造する楽しさを学びました。

卒業後も山形に残り、廃校活用事業の一環として
仲間たちとカフェを運営。そこでは暮らしの技術をテーマに
さまざまなワークショップを開催していました。
刺し子と出合ったのもその頃です。

幼い頃からものづくりが好きだった私にとって
針と糸は身近な存在でした。
何か必要なものがあればまず、自分で作れないか考え
試行錯誤しながら形にしていく楽しさを
自然に覚えました。

この本には、私が普段から
実際に使っている小ものもいくつか登場します。
中には長年使い込んでボロボロになったものも。
わざわざ新しい布を買うのではなく、
人からいただいた手ぬぐいを染め直したり、
今あるものに手を加えながら
大切に長く使っていきたいと思っています。

生活の知恵として生まれた刺し子は、
縦、横の基準を覚えれば誰でも刺せる
ある意味、個性を必要としない技術です。
なのに、たとえ同じものを作ったとしても
刺す人の手によっておのずと個性が出てしまう——。
そのうっかり出てしまう個性が愛らしいな、と思います。
自由に手を動かす楽しさを
この本を手に取ってくださったみなさまと
共有できたら嬉しいです。

目次

刺し子を楽しむ暮らし

お守り袋 06

ブローチ 07

柿の花刺しの針山 08

本十字菱掛けのコースター 09

蛾刺しのがま口 10

名刺入れ 10

ブックカバー 11

つかめる鍋敷き 12

袱紗サコッシュ 13

地刺しのポーチ 14

ぽってり巾着 15

トートバッグ 16

おにぎり包み 18

手ぬぐいストール 20

ボロ巾着 21

お繕いを楽しむ暮らし

帽子 32
エプロン 32
デニムシャツ 33
ストール 34
座布団 34
毛糸の靴下 35

刺し子の基本 22

穴のあいた布を繕ってみましょう 36

刺し子とお繕いの見本帖から 42

HOW TO MAKE 作品を作り始める前に 49

19 速く刺したり ゆっくり刺したり
30 高山村での暮らし
38 自分でつくる暮らしの形

HOT LINE
ホットライン

この本に関するご質問は、お電話またはWebで
書名／刺し子の小ものとお繕い（飯塚咲季）　本のコード／NV70555　担当／石上
TEL 03-3383-0634（平日13時～17時受付）
WEBサイト「日本ヴォーグ社の本」 https://book.nihonvogue.co.jp/
※サイト内（お問い合わせ）からお入りください（終日受付）。

刺し子を楽しむ暮らし

毎日使って、身に着けて——。日々の暮らしに欠かせない生活雑貨を自分の手で作ってみませんか？

ひと針ひと針、刺し子をすれば、愛着もひとしお。

針仕事には心や身体のリズムを整える効果もあります。

a 米刺し

b 米の花刺し

c 米の花刺し

お守り袋

ひと針ひと針に思いを込めて、お守り袋に仕立てました。「米刺し」や「米の花刺し」は、豊作祈願を意味する模様でもあるそう。中にお香やドライハーブなどを入れて、匂い袋として使うのもおすすめです。

✕ 作り方 p.50

ブローチ

いろいろな伝統模様を色糸で刺して、カラフルなブローチに。「篭目刺し」は竹かごの編み目から、「絣つなぎ」は絣の模様から、「鷹の羽刺し」は針目が鷹の羽のように見えることから、それぞれの名前がつけられました。

× 作り方 p.52

a 篭目刺し

b 絣つなぎ

c 篭目刺し

d 鷹の羽刺し

柿の花刺しの針山

階段状の小さなモチーフをいくつも並べたこの模様は「柿の花刺し」として親しまれる伝統模様。直径４cmの限られたスペースにバランスよく模様を配置するため、３mmの針目で刺して、繊細な雰囲気に仕上げました。

× 作り方 p.54

本十字菱掛けのコースター

ベースとなる「＋」と「＝」の針目に糸を通して模様を形づくる「くぐり刺し」。素朴な風合いのリネンに麻糸で刺せば、ナチュラルでやさしい雰囲気に。aとbは実は同じ模様。aの途中まで刺したものがbになります。

✕ 作り方 p.56

蛾刺しのがま口

チョウチョのような愛らしいモチーフは、養蚕業で栄えた庄内地方ならではの伝統模様の1つです。aとbで配置を変え、大きさ違いのがま口に仕立てました。布の縞模様を生かせば、バランスよく仕上がります。

× 作り方 p.58

b

a

名刺入れ

a 菱刺し

b 流れ菱刺し

藍染めの布に菱形の連続模様が映える名刺入れ。ポケットが両サイドについているので、名刺がたっぷり入れられます。「菱刺し」は0.5cmの方眼で2本どり、「流れ菱刺し」は0.3cmの方眼で1本どりで刺しています。

× 作り方 p.60

E

ブックカバー

2種類のリネンをはぎ合わせ、柿渋染めの糸で「枡形刺し」を施しました。一見、別々の模様に見えますが、左下は同じ図案を裏から刺しています。ワンポイントで刺したり、連続模様にしたりとアレンジを楽しんで。

x 作り方 p.62

つかめる鍋敷き

× 作り方 p.70

正方形に仕立てた刺し子布の四つの角を合わせ、上下の2辺をそれぞれまつるだけ。両角に指を入れれば鍋つかみとしても使えます。刺し子の針目はあえて不揃いに刺したほうが、素朴な雰囲気に仕上がります。

袱紗《ふくさ》サコッシュ

リネンの端切れを思いのままに縫いつなぎ、ひたすらチクチク…。正方形に仕立てた刺し子布の三つの角を合わせ、2辺をかがれば本体の完成です。ピースごとに刺し子の向きを変えて、表情豊かに。

作り方 p.64

肩ひもをつければサコッシュに。角カンに結ぶだけだから、長さも自在に変えられます。裏布に使った藍染め布が全体の引き締め役に。

地刺しのポーチ

角型のファスナーポーチは、こまごましたものを入れて持ち歩くのに重宝。毎日使うものだからこそ、ひと手間かけると愛着も倍増です。「∧」の連続模様は、「杉刺し」をアレンジしました。

※作り方 p.66

普段持ち歩いているバッグの中身。手帳カバーや財布など、すべてお手製。手持ちの布を生かし、思いのままに手を動かします。

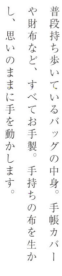

ぽってり巾着

コロンとした形が愛らしい巾着ポーチ。aは白地に赤い糸で等間隔に線刺しを施して、テキスタイル風のデザインに。bは伝統模様の「花つなぎ」をボーダー状にあしらい、余白を生かしてシンプルに仕上げました。

× 作り方 p.68

b

a

トートバッグ

正方形をいくつも重ねたようなこの模様は、「地刺し」と呼ばれる伝統技法の1つ。縦と横で糸の色を替えて刺すと、菱模様が浮かび上がって見えます。トートバッグの切り替え布としてあしらえば、シックな雰囲気に。

× 作り方 p.72

おにぎり包み

包んだり、敷いたり、覆ったりと、1枚で何役もこなすミニ風呂敷。風合いが異なる同系色の布をつなぎ合わせ、端切れをさりげないアクセントに。すみっこにちょこんと刺したおにぎりが、クスリと笑みを誘います。

× 作り方 p.65

速く刺したり
ゆっくり刺したり

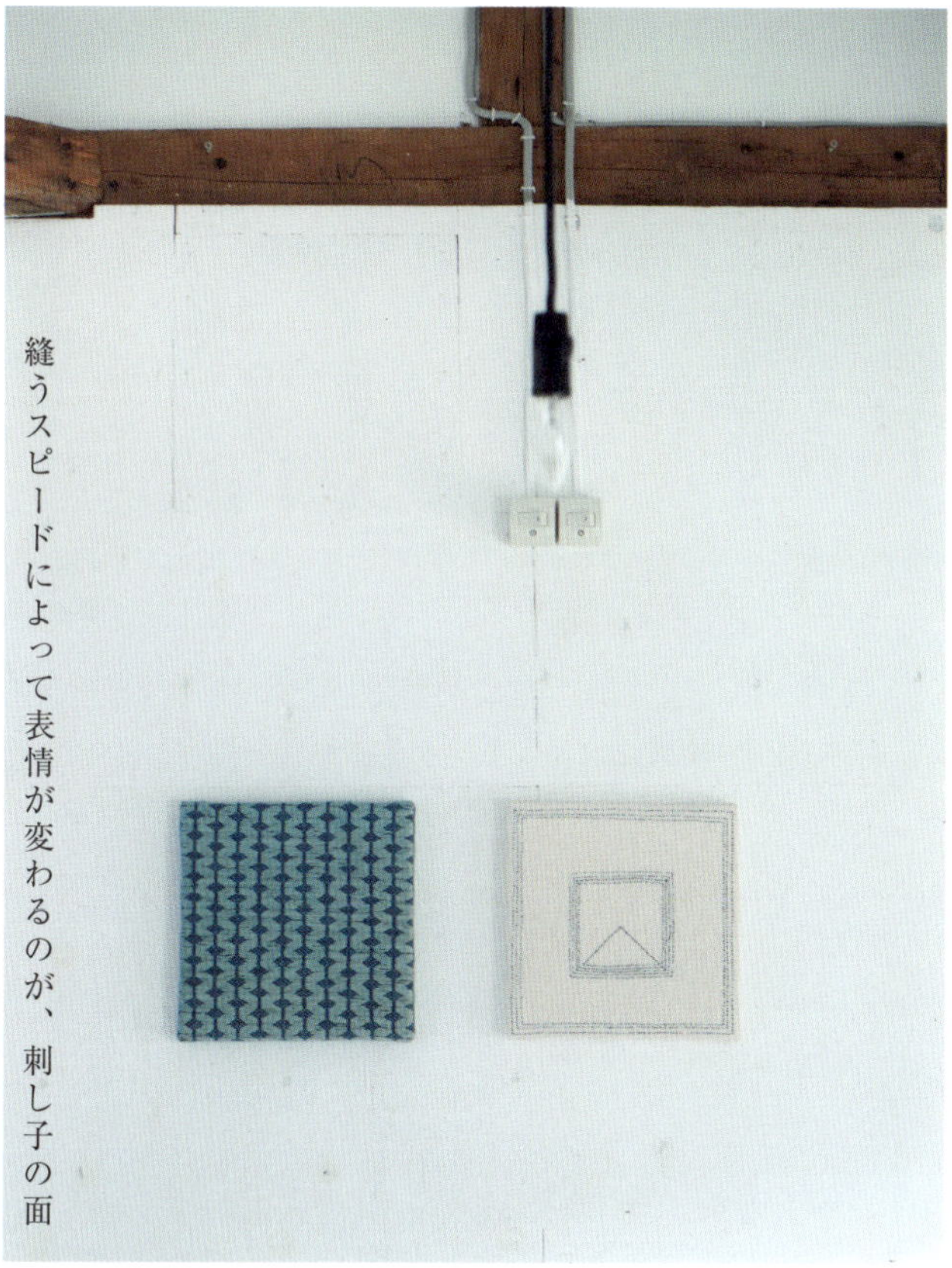

縫うスピードによって表情が変わるのが、刺し子の面白いところ。運針に慣れてくると、針目が揃いすぎてつまらなく感じてしまうことも。そんなときは目を閉じて針を動かしてみます。無作為に現れる表情を求めて、日々、自分の中で小さな実験をくり返しています。

手ぬぐいストール

a

b

いただきものの手ぬぐいを染め直し、2枚をつなぎ合わせただけのシンプルなストール。ランダムに刺し子を施し、糸端は手で撚り合わせてフリンジ仕立てに。洗うほどに風合いが増し、しっくりと肌に馴染みます。

※作り方p.71

ボロ巾着

どんなに小さくなっても手放せない――。そんなお気に入りの布を集めて、巾着に仕立てました。風合いの異なる藍染め布を少しずつ縫い重ね、端のほつれもそのまま生かして。端切れには一期一会の面白さがあります。

✂ 作り方 p.67

aの後ろ側。藍染めの布に古布を縫い重ね、刺し子をしました。前後で布合わせを変えると、1つの作品で違った表情が楽しめます。

刺し子の基本

刺し子を始める前に、まずは材料や道具のこと、
糸の扱い方、基本の刺し方を覚えましょう。
道具はご自分の使いやすいものを選んでください。

布と糸について

糸

この本ではおもにダルマ刺し子糸<細>を使用し、一部、手染めしています。手持ちの刺し子糸や木綿糸を使って、自由にアレンジをお楽しみください。

布

この本ではおもに、使い古した手ぬぐいや古布、端切れなどを使用しています。初めて刺し子をされる方には、針通りのよい普通地の平織りの布（木綿やリネン）などがおすすめです。薄手の布は糸がつれやすく、裏に渡った糸が透けて見えることがあるので、注意しましょう。

道具について

方眼用紙

布に方眼線を引くために使用します。この本では0.5㎝のほか、0.4㎝、0.3㎝の方眼用紙を使用しています。

出なくなったボールペン

複写紙を使って布に図案を写すときに使います。

その他

まち針、縫い針、糸通し、指ぬき、チャコペン（白）、方眼定規、消しゴム、裁ちばさみ、レース針（糸始末をするときに使用）、目打ち、ペンチ、接着剤など、必要に応じて用意しましょう。

定規

方眼用紙や布に図案を写すときに使用します。

マスキングテープ

布に図案を写す際、図案を布に固定するために使用します。

手芸用複写紙（白）

図案を写すときに、布と図案の間にはさんで使います。水で消える片面タイプがおすすめ。この本ではおもに白を使用していますが、使う布の色に合わせて選びましょう。

糸切りばさみ

手になじみやすく、切れ味のよいものを選びましょう。

シャープペンシル

方眼用紙にガイドラインを描くときに使います。鉛筆を使う場合は、先をとがらせておきましょう。

刺し子針

針穴が大きく、針先がとがった刺し子用の針。布の厚さに合わせて、針の長さや太さを使い分けて。

糸の扱い方

刺し子糸は「カセ」と呼ばれる束の状態で販売されています。
ここでは、糸を無駄なく使うための方法を紹介します。

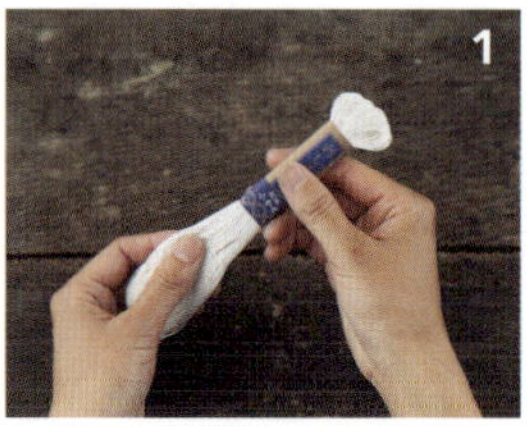

糸を左手で持ち、ラベルをそっとはずします。

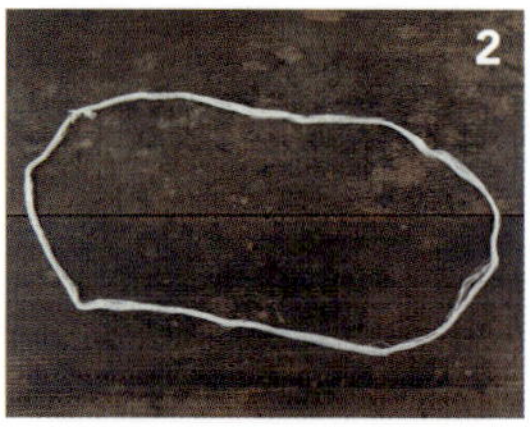

カセをほどいて、輪の状態にひろげます。

輪をとめている糸をカットし、1本を引き出して糸巻き（厚紙で代用可）などに巻き直します。1度に使う糸の長さは50～60㎝を目安に、図案に合わせて調整しましょう。糸が長すぎるとからまったり、すれてきれいに仕上がらなかったりするので注意して。

菱刺し p.10 を刺してみましょう

一段ごとに針目の長さを変えながら、横に刺し進めていく技法です。布を上下に回転させながら、常に右から左へと刺していきます。

1

刺したい図案に合わせて方眼用紙をカットし、布にマスキングテープで固定する。手芸用複写紙の表面を下にして間にはさむ。

2

方眼罫に定規をあてて、出なくなったボールペンでなぞる（ここでは0.5㎝方眼用紙を使用）。途中で布に線が写っているか確認して。

3

0.5㎝方眼を写し終えたところ。線が薄いところがあれば、チャコペンを使って書き足して。

4

p.61のaの図案を確認しながら、定規とチャコペンを使ってガイドラインを描き入れる。

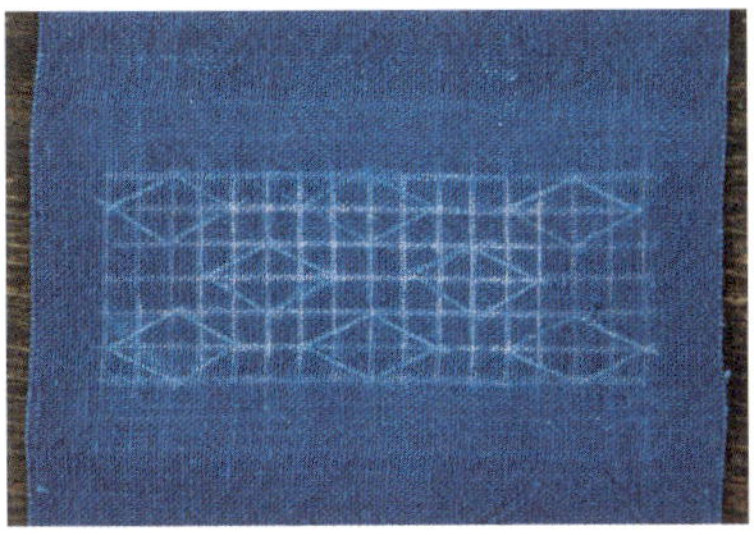

5

方眼線とガイドラインをすべて描き終えたところ。

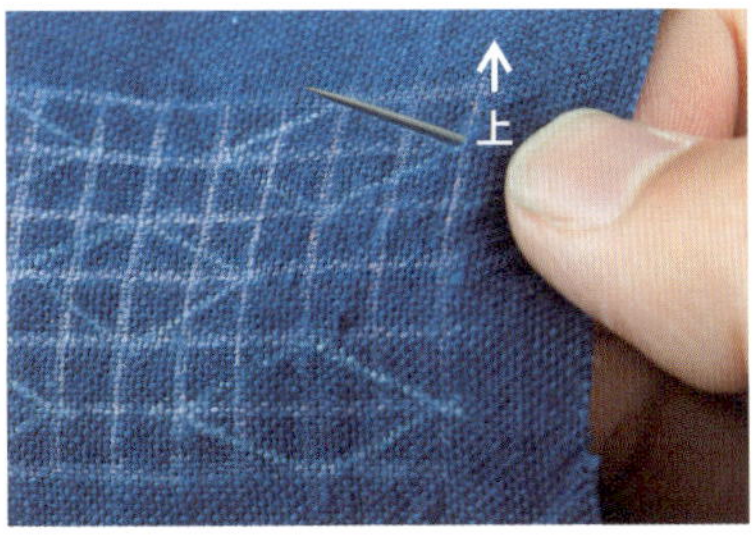

6

まずは右上の菱模様から刺し始める。ガイドラインの中心線（図案の①のライン）の右角から針を出す。

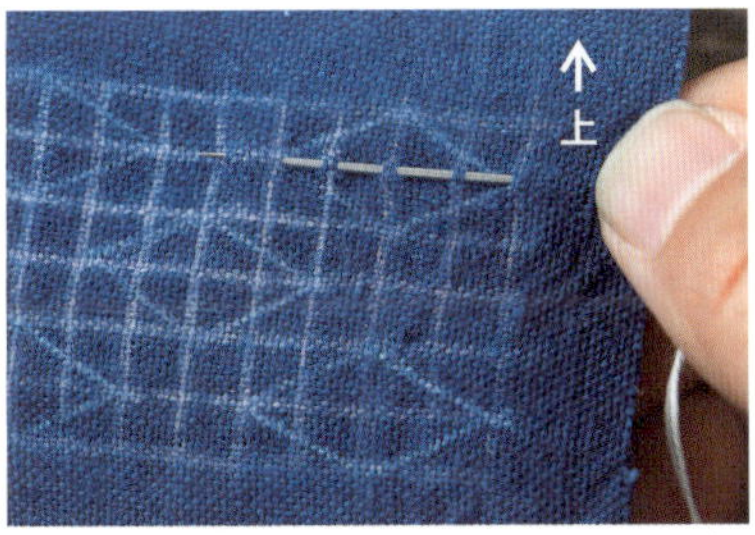

7

図案通りに約3㎜の針目で4～5針続けて刺す。タテ線とヨコ線の交点は1針（約2㎜）すくい、菱模様の左角に針を入れる。

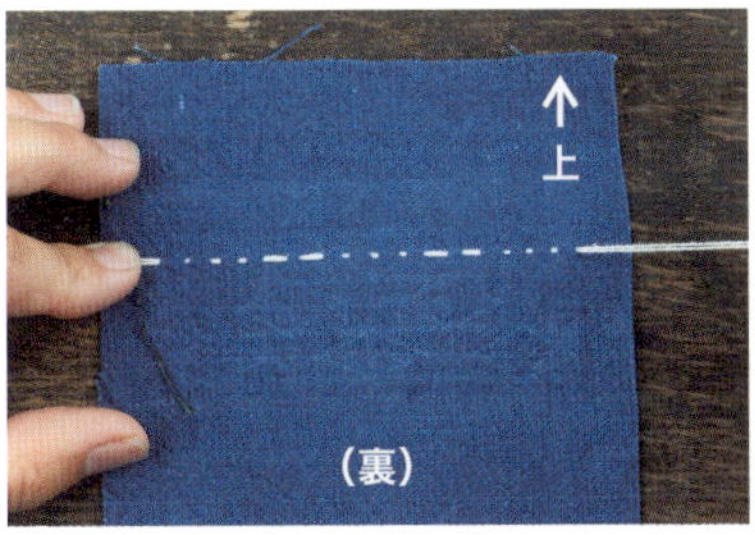

8

布を裏に返し、糸端を指で軽く押さえて糸を引く。糸端は3～5㎝残しておく。糸先を指で固定したまま布を伸ばし、糸となじませる。

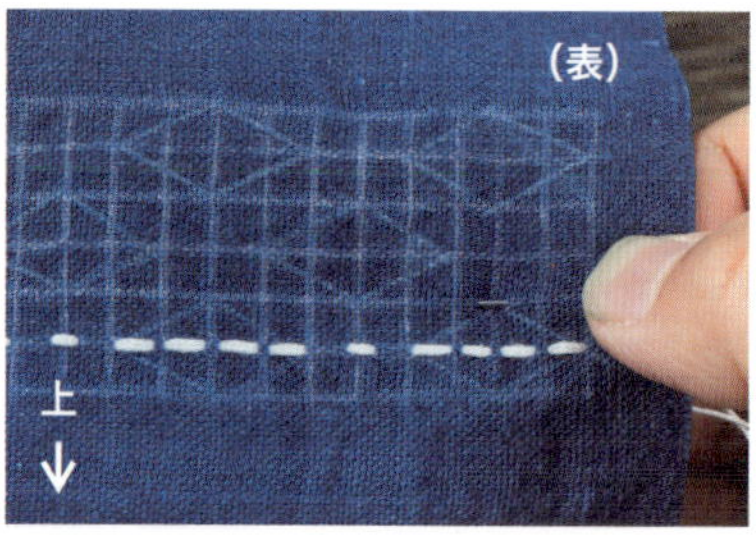

9

布を表に返し、上下を回転させて
2本めを刺す（図案の②のライン）。

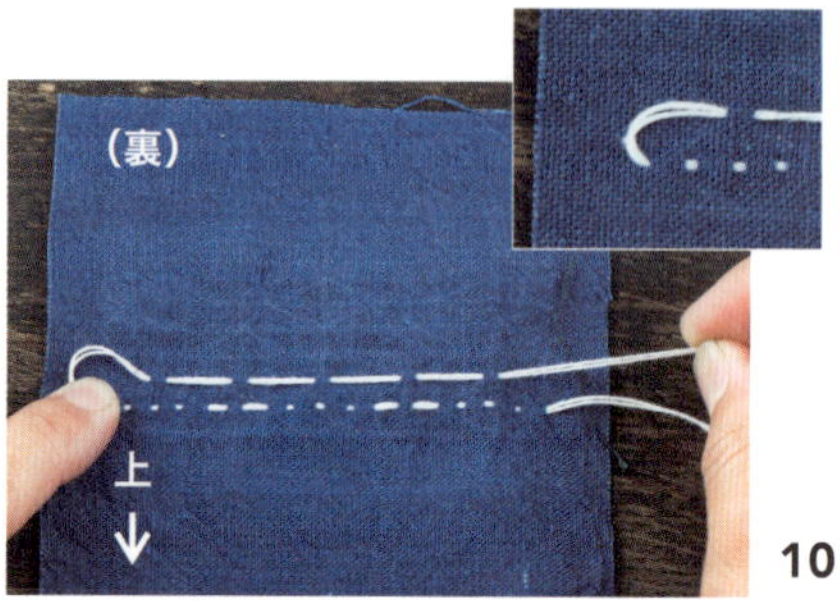

10

2本めを刺し終えたら布を裏に返
し、左手で糸を軽く押さえながら
ゆっくりと引く。折り返し部分の
糸は少しゆるみを持たせておく。

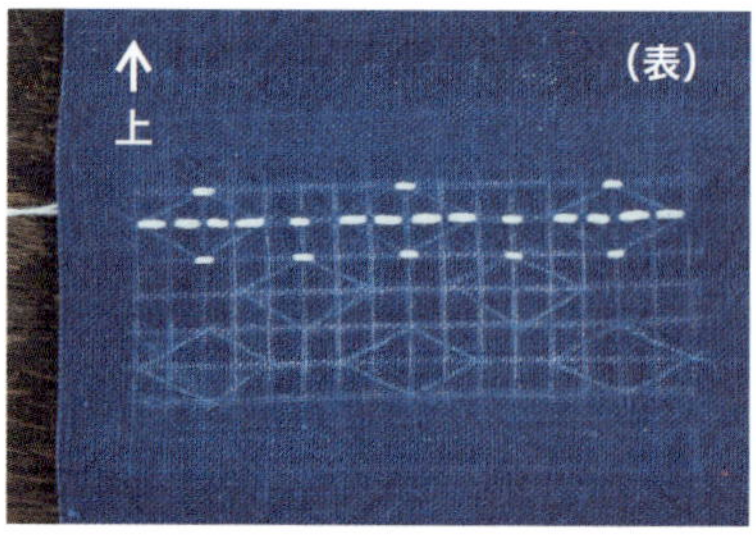

11

同様にして布を回転させ、3本め
（図案の③のライン）を刺し終えた
ところ。

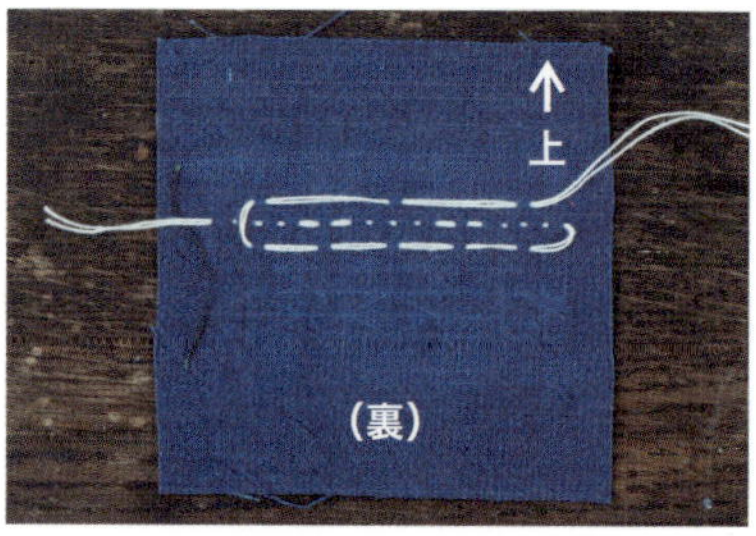

12

11を裏から見たところ。折り返し
部分の糸にゆるみが足りないと、
布がつれるので注意して。

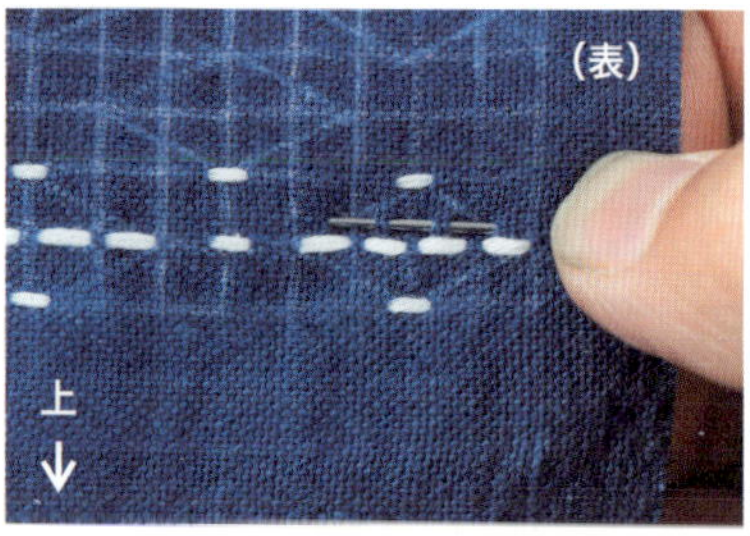

13

4本め（図案の④のライン）を刺す。
菱模様のガイドラインに沿って、
針目を調整しながら刺していく。

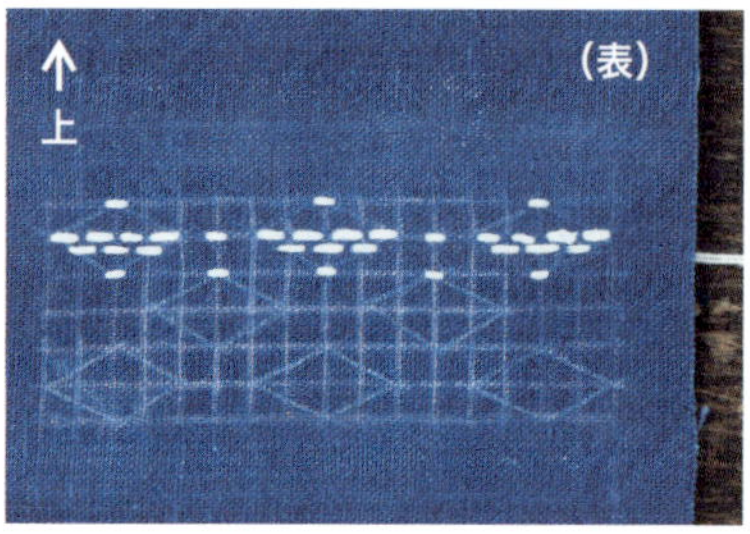

14

4本め（図案の④のライン）を刺
し終えたところ。

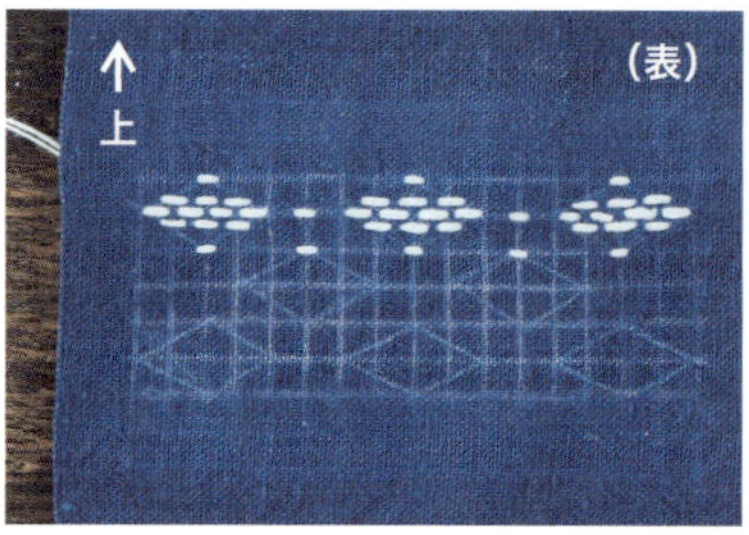

15

5本め（図案の⑤のライン）を刺
し終えたところ。

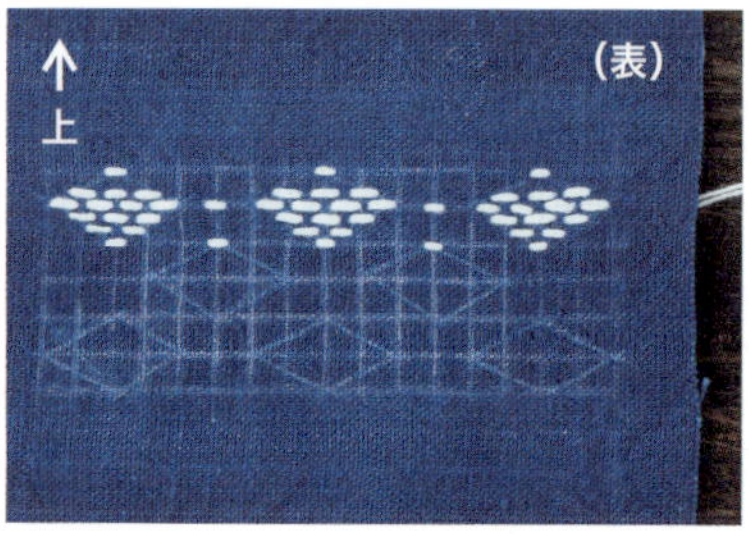

16

6本め（図案の⑥のライン）を刺
し終えたところ。

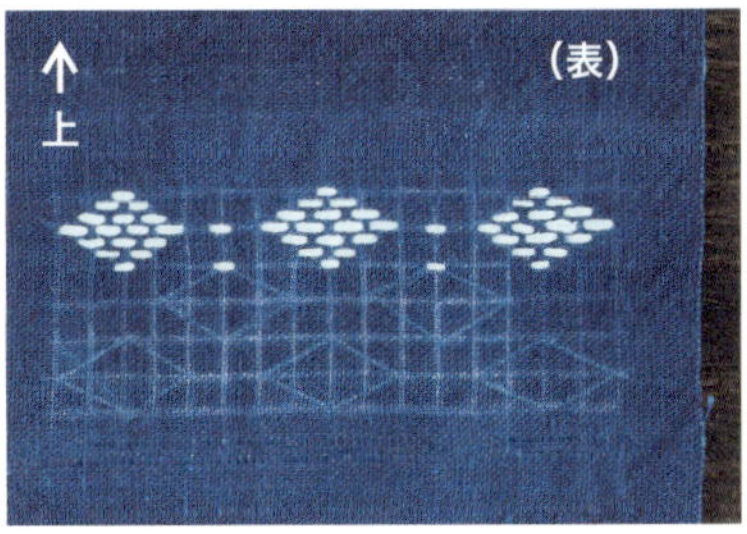

17

7本め（図案の⑦のライン）を刺し終えたところ。これで上段の菱模様が完成。

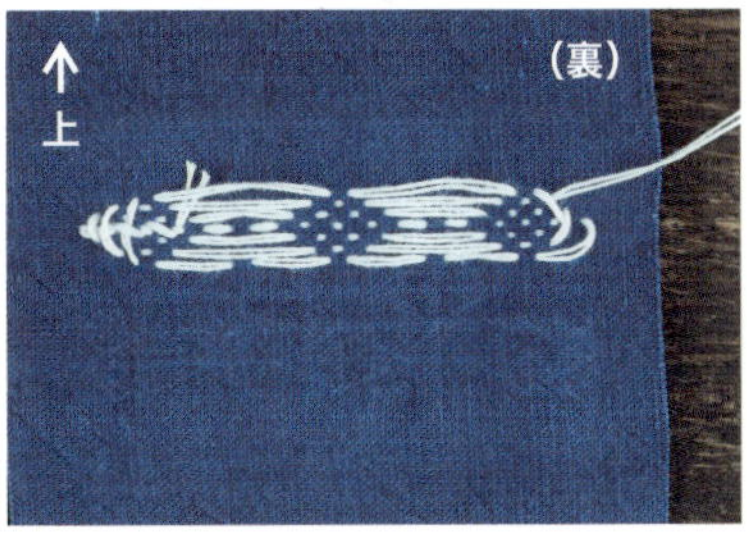

18

17を裏から見たところ（糸始末の仕方は左を参照）。

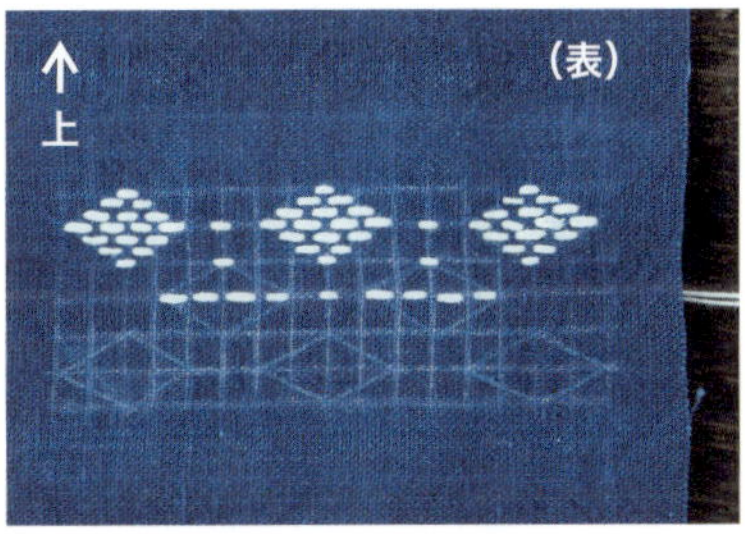

19

続けて中段の菱模様を刺す。p.23の6を参照し、菱模様の中心線から刺し始め①〜⑦の順に刺す。

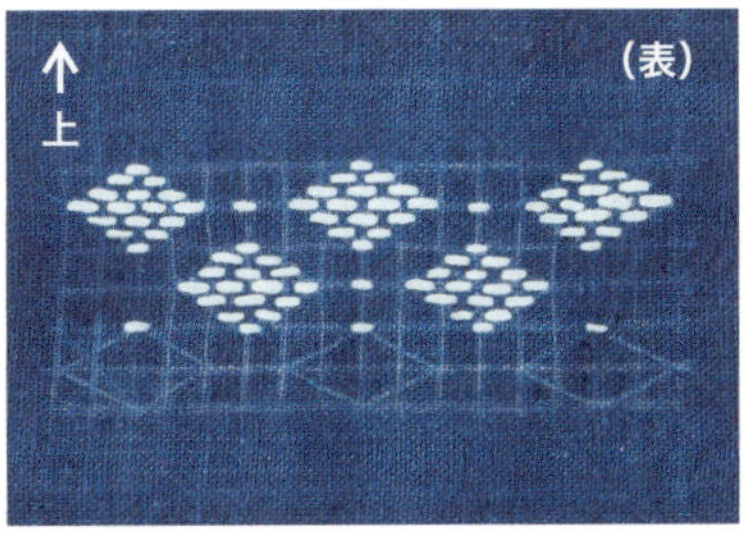

20

中段の菱模様をすべて刺し終えたところ。同様にすべての模様を刺す。

糸始末

ここではレース針を使った糸始末を紹介します。糸端が短すぎて刺し子針に糸が通らない場合も、この方法を知っていれば安心です。

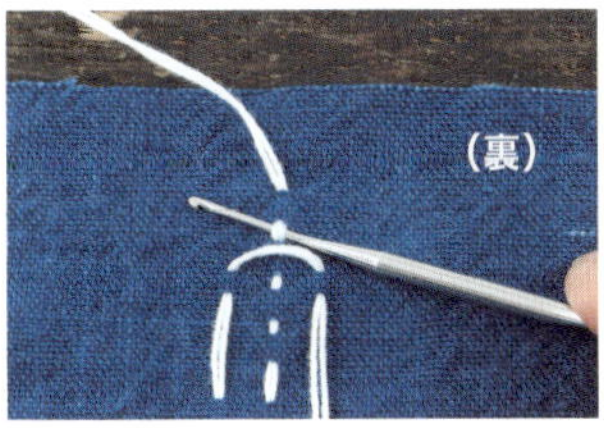

1

布を裏に返し、糸端から1つ前の針目にレース針を通す。

2

糸端を左手に持ち、レース針の先に糸をかける。

3

針目の中に糸を引き入れる。

4

針目から糸を引き出したところ。

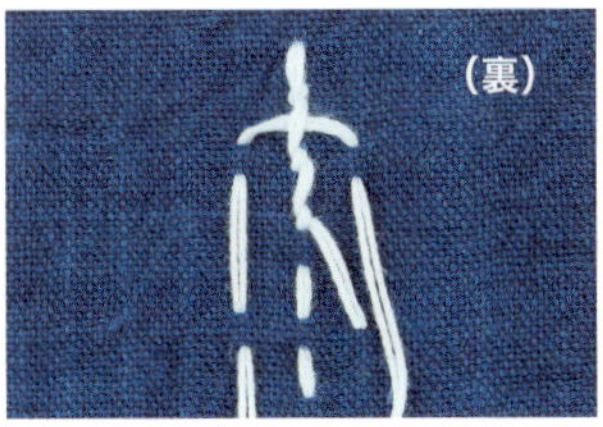

5

1〜4を数回くり返して裏の針目に糸をからませ、糸端を約1cm残してカットする。

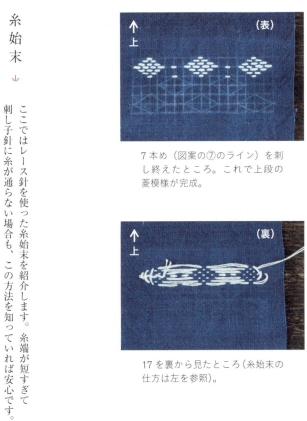

米刺し p.6 p.42 を刺してみましょう

一定の長さの針目で、横、縦、斜めの順に刺していきます。上下交互に布を回転させながら、右から左へと刺し進めましょう。

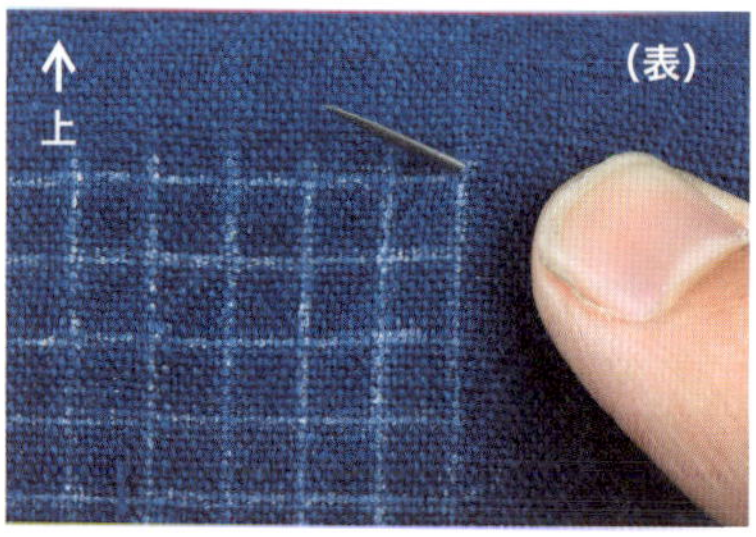

1

p.23の1〜3を参照し、布に方眼線を写す。ここでは図案の右上から刺し始める。p.74の図案を参照し、まずは方眼の角から針を出す。

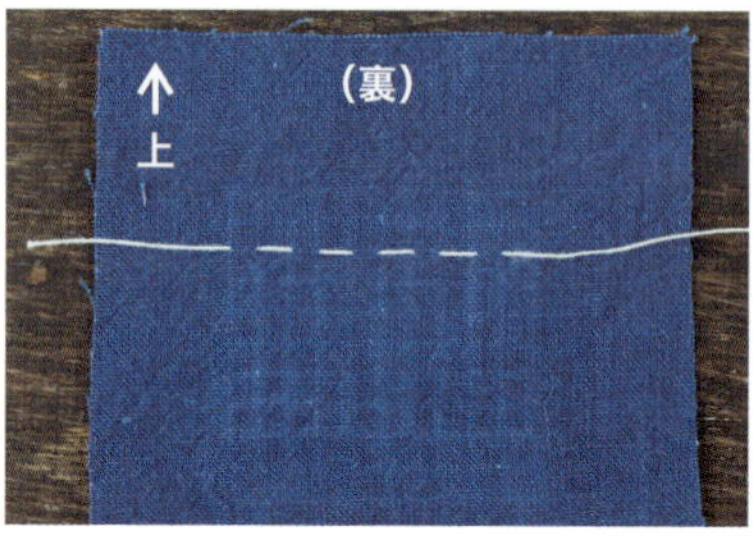

2

方眼のマス目に沿って4mmの針目で1目おきに目を拾いながら、横列を刺す。刺し終えたら裏に返し、糸を引く。

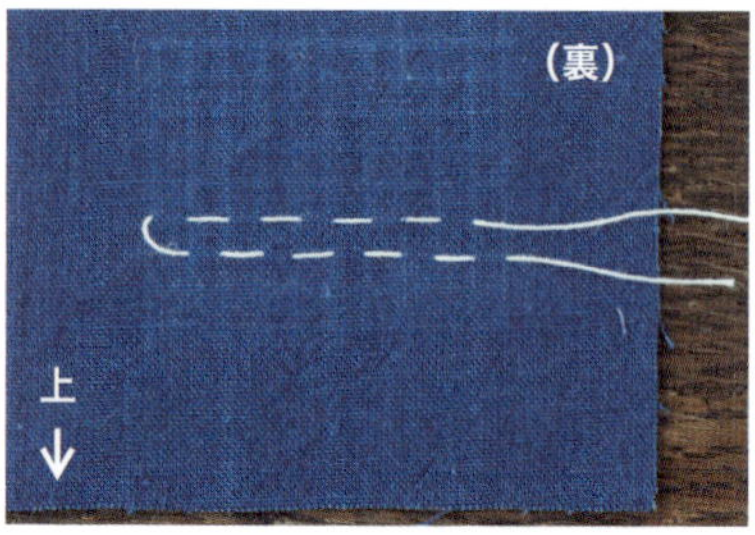

3

2本めは1本めと交互になるように目を拾う。刺し終えたら裏に返し、糸を引く。折り返し部分の糸は少しゆるみを持たせておく。

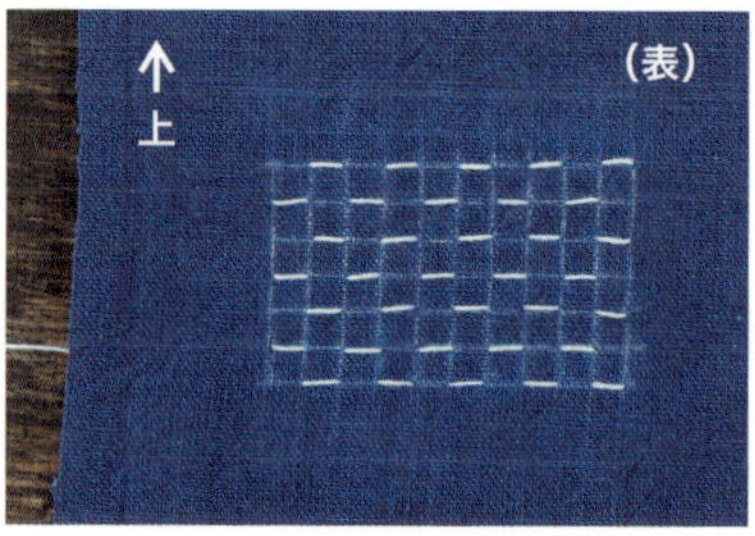

4

横列をすべて刺し終えたところ。

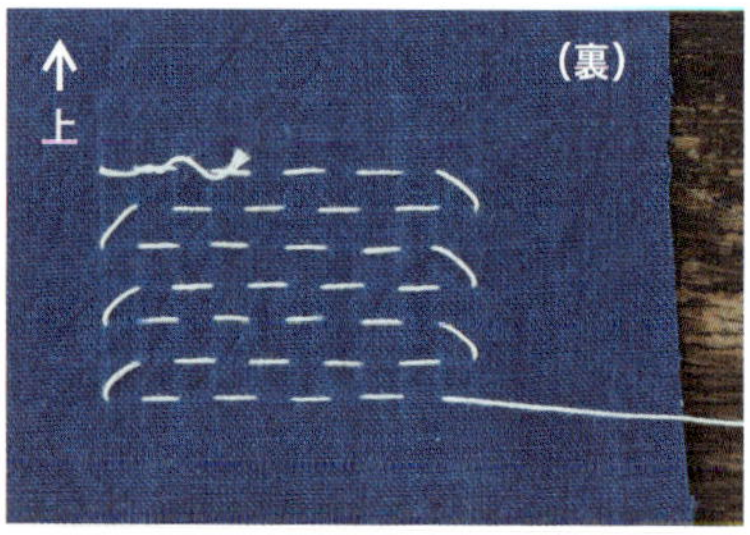

5

4を裏から見たところ。刺し始めの糸端はp.25を参照して始末し、1列刺すごとに折り返し部分の糸は少しゆるみを持たせておく。

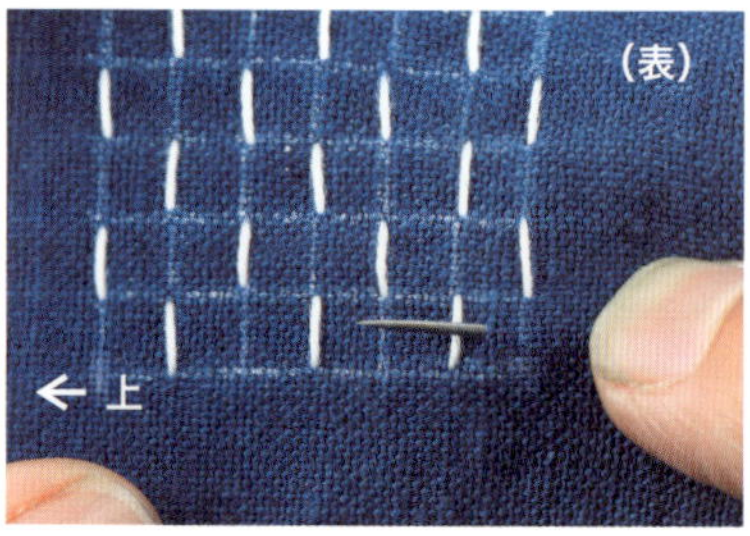

6

布を左に90度回転させ、縦列を刺す。右下のマス目の中央から針を出す。

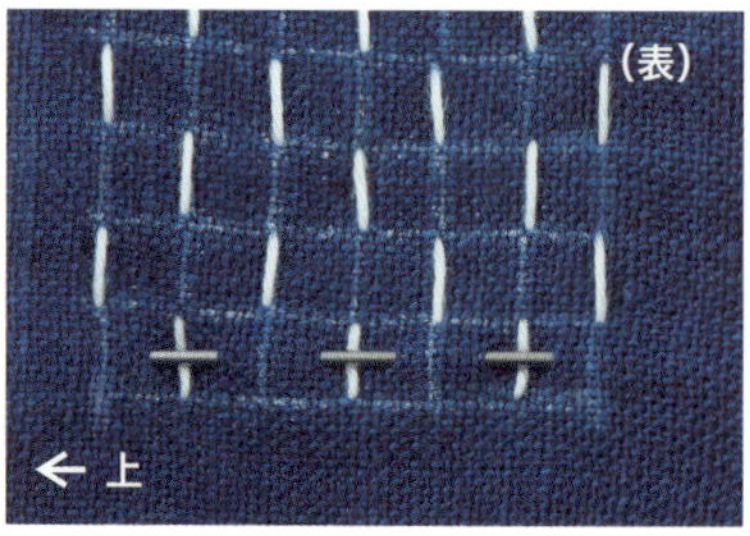

7

十字になるように目を拾う。

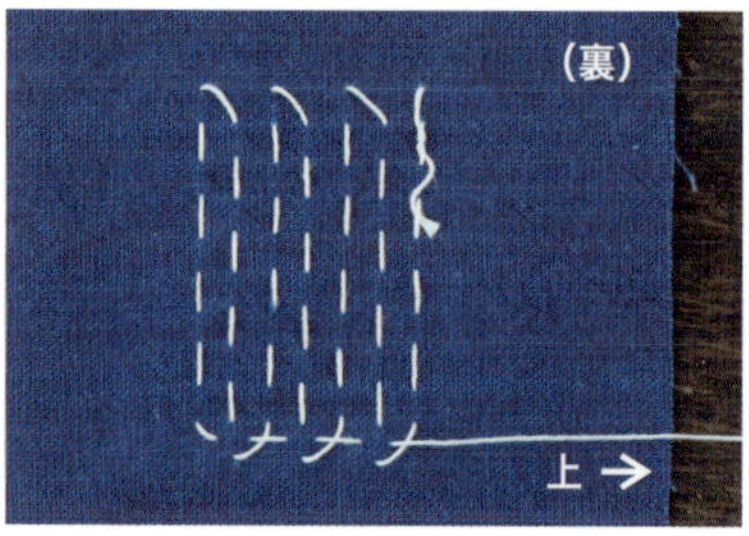

8

布を裏に返し、糸を引く。折り返し部分の糸は少しゆるみを持たせておく。

9

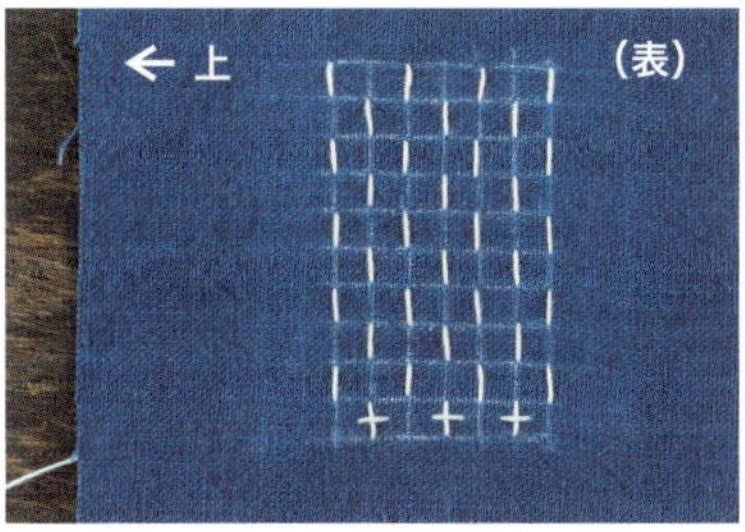

8を表から見たところ。針目が均一になるように注意しながら、十字模様を刺していく。

10

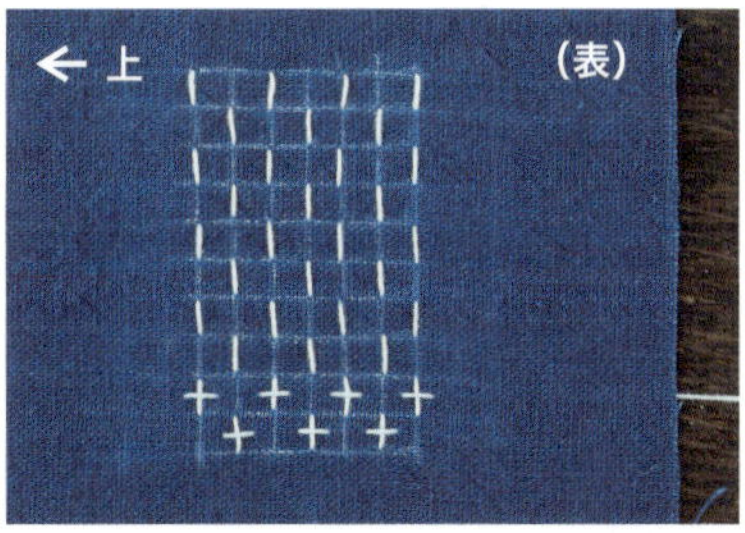

縦列の2本めを刺し終えたところ。

11

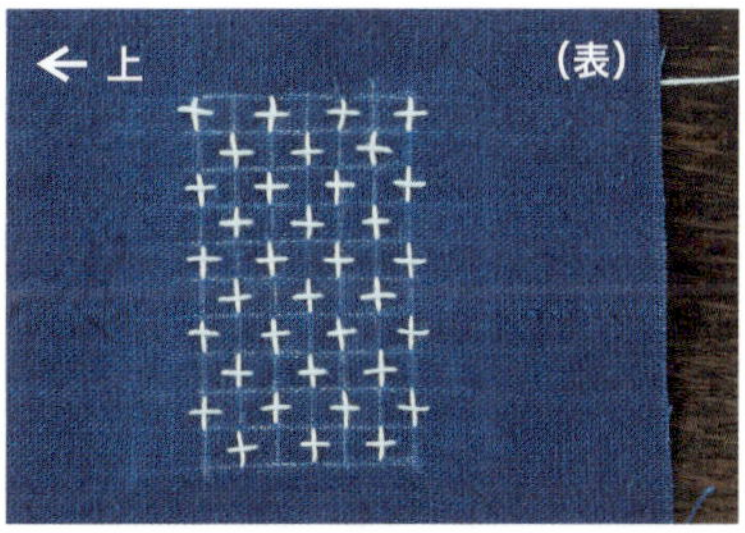

縦列をすべて刺し終えたところ。

12

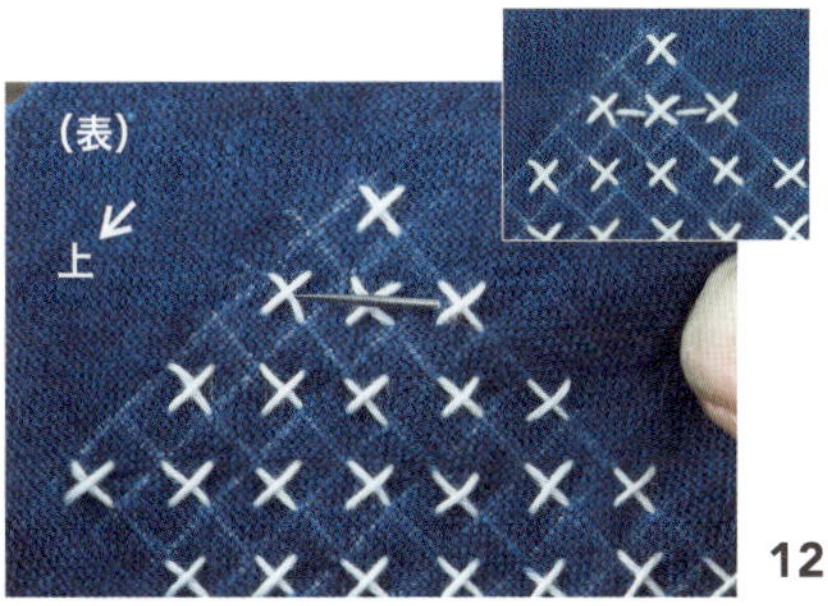

布を左に45度回転させ、斜めの列を刺す。十字の中心から1針（2㎜）あけて針を出し、十字同士をつなぐように目を拾っていく。

13

2列めを刺し終えたところ。

14

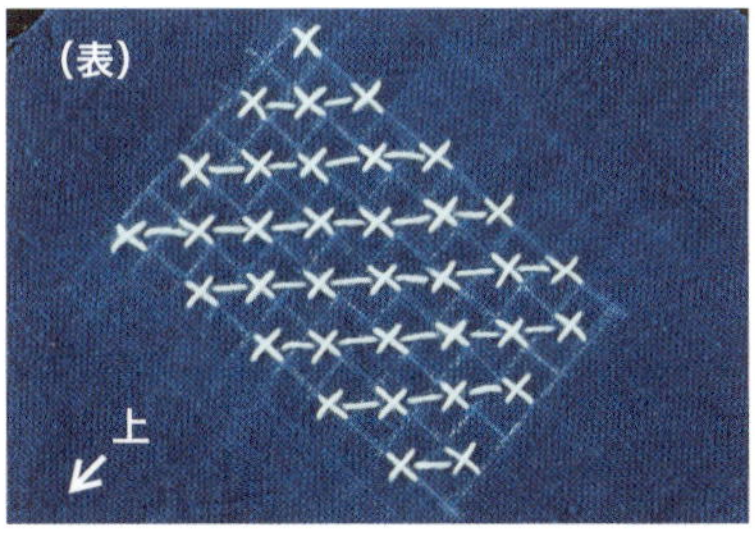

すべての列を刺し終えたところ。

15

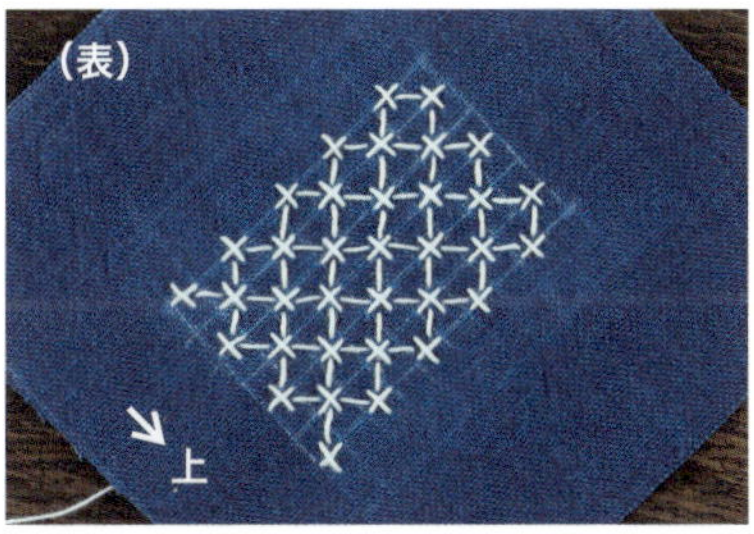

同様に布を回転させながら、残りの列をすべて刺す。

16

裏で糸始末をすればでき上がり。

本十字菱掛け p.47 を刺してみましょう

ベースとなる針目に糸をくぐらせて、模様を描いていく技法です。途中で糸継ぎができないので、糸は十分な長さを用意しましょう

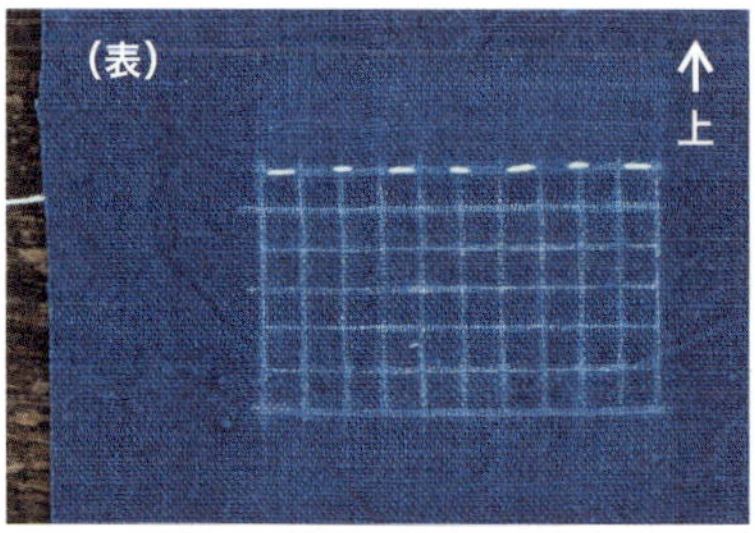

1

p.23 の 1 ～ 3 を参照し、布に方眼線を写す。図案は p.79 参照。1 針めはマス目に沿って、2 針目は罫をまたいで、交互に刺す。

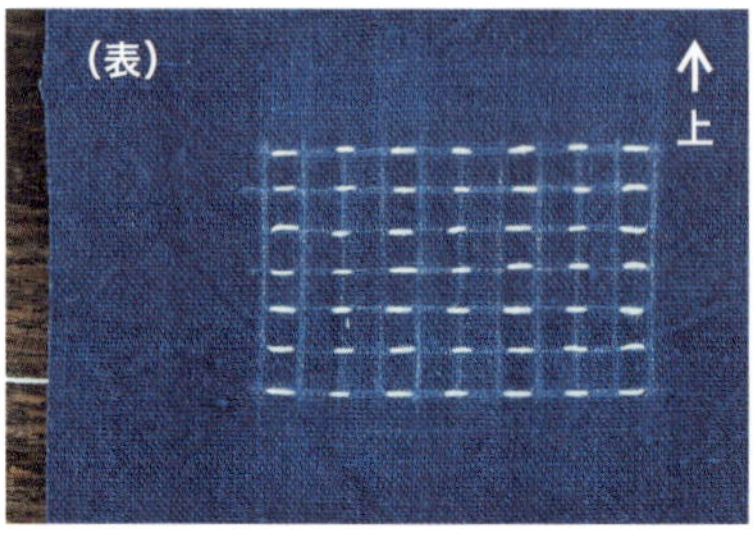

2

上下を回転させながら、横列をすべて刺す。

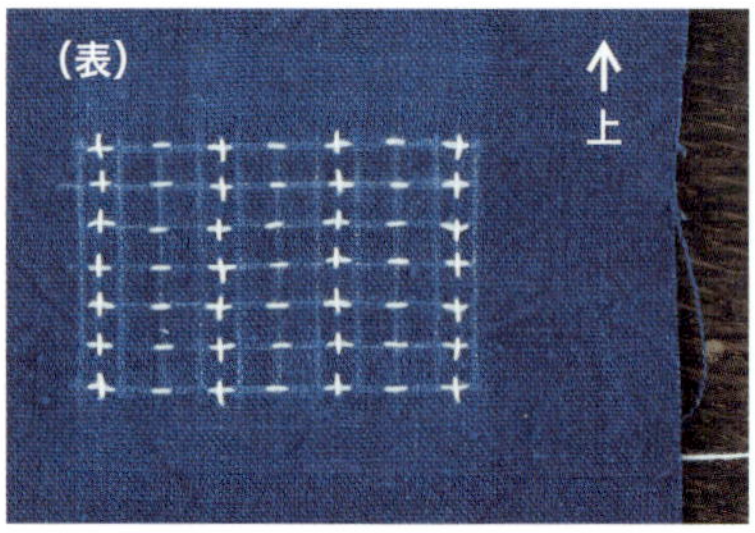

3

縦列をすべて刺し終えたところ。写真のように＋と－が交互になるように刺す。

4

右下の ＋ の交点の左上に針を出す（p.79 の図案の⑤）。

5

左斜め上の－の針目に、下から上に向かって針穴側から針をくぐらせる。

6

さらに左斜め上の＋の針目に、下から上に向かって針をくぐらせる。

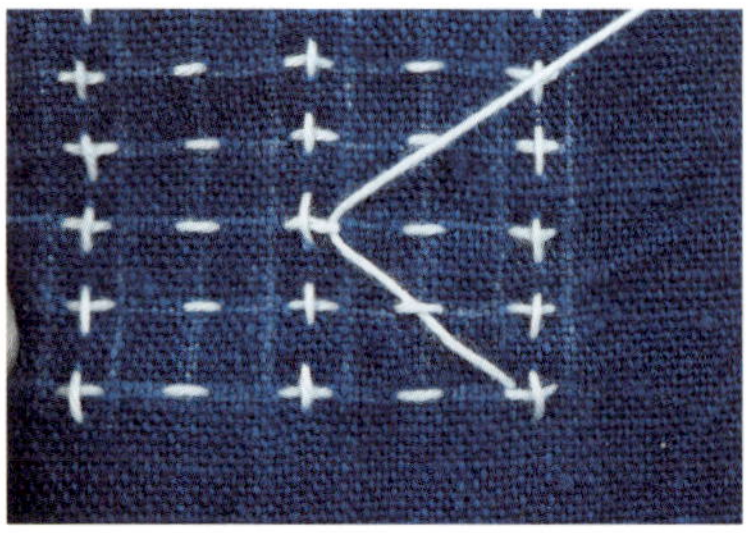

7

糸をゆっくり引いて、写真のように糸を整える。糸を強く引きすぎると布がつれるので注意して。

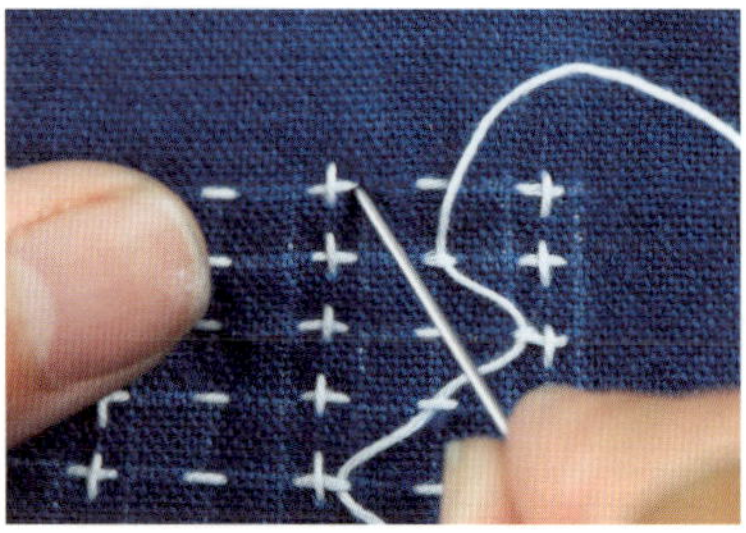

8

5 ～ 7 を繰り返し、すべての針目に糸を通したら、刺し終わりの ＋ の針目の少し下に針を入れる。

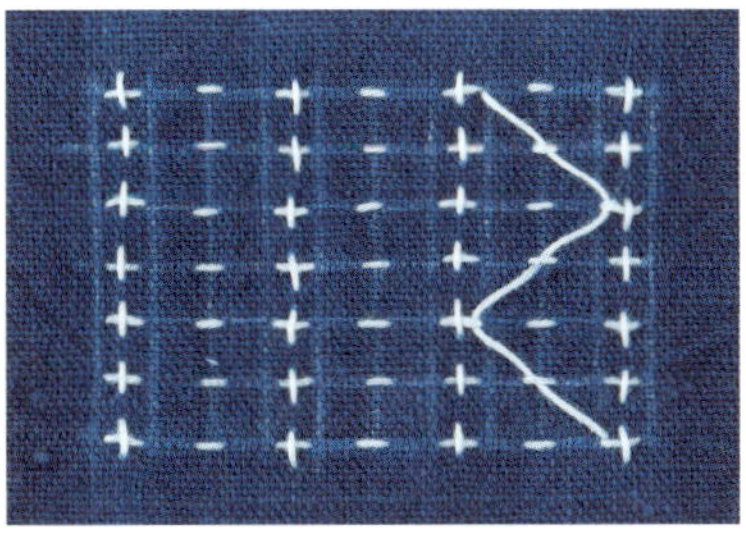

9

途中で糸が足りなくならないよう、刺し始めか刺し終わりの位置で必ず残りの糸の長さを確認して。

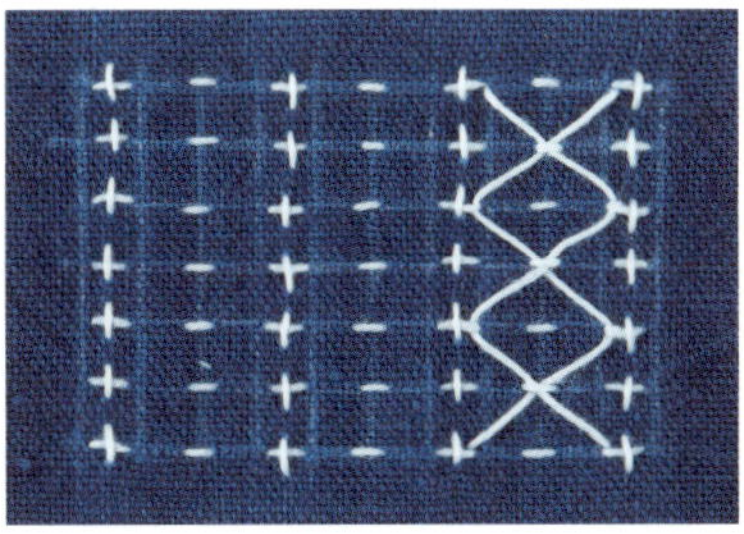

10

左右対称になるように、同様に糸をくぐらせる（p.79 の図案の⑥）。

11

ーの針目の中心から針を出す。（p.79 の図案⑦）

12

左斜め上の＋の針目に、下から上に向かって針をくぐらせる。

13

右斜め上のーの針目に、下から上に向かって針をくぐらせる。

14

すべての針目に針をくぐらせ、糸を通し終えたら、ーの針目の中心に針を入れる。

15

左右対称になるように、同様に糸をくぐらせる（p.79 の図案の⑧）。

16

続けて残りの部分も針目に糸をくぐらせ、模様を完成させる。

高山村での暮らし

緑豊かな山々に抱かれた群馬県高山村——。
この土地に移り住んで、
もうすぐ4年になろうとしています。

ここはもともと祖父母が暮らしていた場所。
人が集まる場所にしたいという思いから、
古い家を生かし、家族みんなで約1年半をかけて改装し
7年前にギャラリーショップ
「カエルトープ」がオープンしました。

敷地内にはほかにも農機具小屋や
工場を改装した小屋が点在し、

いろいろなイベントやワークショップを開催。
地域の人、作家さん、
食や農に関わる人、移住者さん、
さまざまな人がつながる場所になっています。

草木が輝き、いのちの匂いがする、
人と自然が交わるところ――。
かつて祖父母がしていたように
自分たちで野菜を育てたり
必要なものを手づくりしながら、
この土地で私が私を生きること。

消費から循環へ――。
ものづくりが教えてくれることに耳をすませながら
模索しているところです。

お繕いを楽しむ暮らし

補強や防寒の技術として東北地方で誕生した刺し子は単に繕うだけでなく、装飾の役割も兼ね備えています。すり切れて穴があいた衣類を刺し子&ダーニングでおしゃれによみがえらせてみませんか？

帽子

10年以上かぶり続けているブーマの帽子。汚れたり、すり切れたりするたびに、何度も染め直し、刺し子を重ねてきました。今ではもうほとんど原型をとどめていないけれど、繕うたびに愛着が増していきます。

エプロン

お気に入りのエプロンに、フリーハンドで「柿の花刺し」をプラス。ポケットからチラリとのぞく自分だけの印は、毎日をハッピーに過ごすためのお守りのような存在。刺し子が布に新たな表情を添えてくれます。

デニムシャツ

何度も洗濯をくり返すうち、ボロボロになったデニムのシャツを刺し子でリメイク。衿元には「杉刺し」をあしらい、すり切れたカフスは巻きかがりや刺し子で補強。長すぎた袖は、カフスをカットしてつけ直しました。

ストール

ストールにしようと布を広げたら、布の端が少し欠けていました。そこで、藍染めの端切れを重ねて刺し子をしたら、時を重ねた〝ボロ〟のような味わいのある一枚に。洗うたびに布と糸が馴染んでいくのも楽しみです。

座布団

穴があくたび、何度も刺し子を重ねてきたリネンの座布団。使えば使うほど、繕えば繕うほど、どんどん別の箇所がほつれてきて、キリがありません。それでも、重ねた針目の数だけ愛おしさは増していきます。

毛糸の靴下

編み物が得意だった祖母直伝の毛糸の靴下。残り毛糸を使って編まれているので、1つとして同じものがないところも魅力です。繕うたびに少しずつ自分の足に馴染んでいくのが嬉しくて、長く大切に履いています。

靴下を繕うときはダーニングマッシュルームがあると便利。でも、わざわざ買わなくても、使い終わった電球やこけしなど、身近なもので代用できます。ちょっとずつ残ってしまい、使いみちのなかった余り毛糸も、お繕いに大活躍してくれます。

穴のあいた布を繕ってみましょう

p.48

お繕いにはルールがありません。身近な材料で自由に楽しみましょう。ここでは穴のあいた布を当て布を使って補修する方法をご紹介。

用意するもの

穴のあいた布

穴のあいたジーンズや、うっかり引っかけて破れてしまったシャツなど、身近な素材を探してみて。まずは小さめの穴から練習を。

糸と当て布

穴よりひとまわり大きめの端切れを用意。当て布もデザインの一部になるので、表布に合わせて選ぶのがおすすめです。糸は刺し子糸のほか、手縫い糸や刺しゅう糸など、好みに合わせて選びましょう。

1

穴のあいた布を表を下にして置き、穴よりも2～3cm大きめに端切れをカットする。

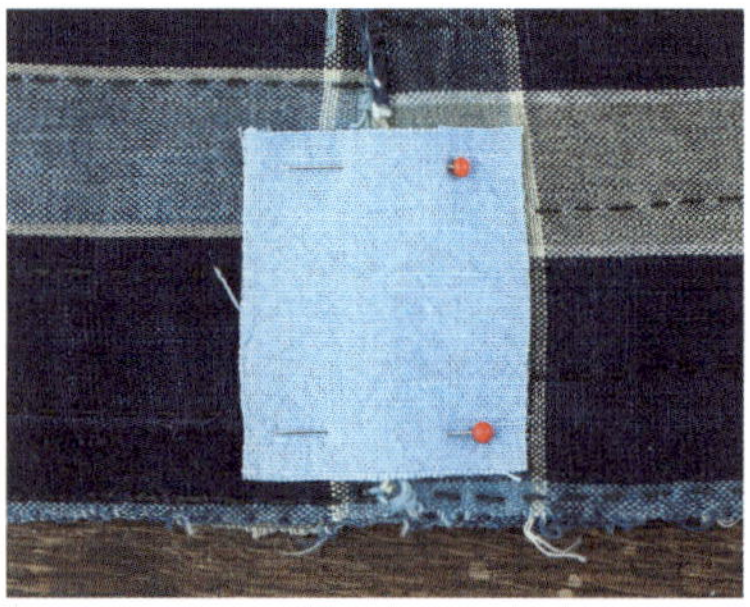

2

当て布の表を下にして、穴が中心にくるように位置を確認しながら上に重ね、まち針で固定する。

3

布の裏側を見ながら、当て布の周囲を2枚一緒に縫いとめる。針目の大きさはお好みで。

4

ぐるりと一周縫い終えたら、糸端を裏の針目に数回からめて糸始末をする。

5

布を表に返し、針先を使って穴の周囲のほつれを整える。

6

表から見えないところに数回針を通し、穴の内側から針を出す。

7

穴の縁と当て布を2枚一緒にすくう。

8

穴の周囲のほつれた糸端を針先で整えながら、好みの針目で縫いとめていく。

9

ぐるりと一周まつり終えたら、裏で糸始末をして完成。好みでチクチク刺し子をプラスしても。

自分でつくる暮らしの形

山形でカフェを運営していた頃、
刺し子のワークショップを通じて知り合った
地元の女性たちとともに
「お針屋　艸絲《そうし》」をスタートさせました。

簡単に言うと刺し子の日用品を作る
婦人会のような集まりで、
現在は群馬県内で刺し子教室を開催したり、
山形県のお母さんたちに制作をお願いしたりしています。

手が覚えたことは一生涯。
私の祖母は晩年、目があまり見えなくなっても
毛糸編みを続けていました。

編み目がとんでもＯＫ！　気にしない、気にしない。
そんなおおらかさとともに自分の楽しみを
一生涯続けられるといいな、と思っています。

人が山や畑、海や川とともに
同化しながら暮らしていた時代、
ものづくりは自然と人をつなぐ媒体でした。

私が私を生きること。
その私から溢れたものを交換する。
それは与えても、与えても無くならないもの。

そんな自然の摂理の中で
人も自然も一緒に生きていけたらいいな、と思っています。
きっとものづくりはそれを教えてくれています。

土地に生きる人は全身で働き、
全身で遊んでいるなと感じます。
山菜採りや、クルミ拾い、ツルを採ってのかご編みなど、
その季節や場所、食べ方、作り方を教えてもらいます。

毎年、その季節がくると「そろそろかな？」と
山の様子が気になります。
そうやって少しずつ、体に染み込んでいきます。

毎年、お盆の頃に青い柿で作る柿渋液はすっかり恒例となり
秘伝のタレのようないいでき映えになってきました。
布を染めたり、小屋の外壁に塗ったりと重宝しています。

ただシンプルに暮らしてみたくて、父の手を借りて
自宅の敷地内にあった古い納屋を1年かけて改築しました。
〝ただ暮らす小屋〟と命名し
ロフトベッドやキッチンも設置。
現在、針仕事もここでしています。

私にとって針仕事はあくまで暮らしの一部。
必要だからこそ生まれた手仕事はとても心地よく
制作する時間そのものも
とても豊かで幸せなものだと感じます。

長く大切に使って、破れたらまた繕って——。
最近は新しい布を買うのをやめて、
不要になった手ぬぐいや端切れなど、
人から譲っていただいた布を再利用しています。
届けられた布は、未使用から古布までいろいろ。
薄汚れて、ボロボロになっても捨てられずに
人切にしまってあったんだろうと感じ取れる手ぬぐいは
どれも個性があり、魅力的です。

ほとんど村から出ない暮らしですが、
毎日変わる景色や光に感動します。
自然と人の手が調和して生まれるもの、
そこに宿る光を見ていたい——。
だから私はものを作り続けているのかな、と思います。

刺し子とお繕いの見本帖から

お手製の見本帖は、刺し子を習い始めたときから
コツコツ作りためてきたもの。
同じ名前の図案でもバリエーションがあったり、
地方によって呼び方が違っていたり。
配置や配色を変えるだけでも印象が変わります。

× 米刺し　図案は p.74

× 枡刺し　図案は p.74

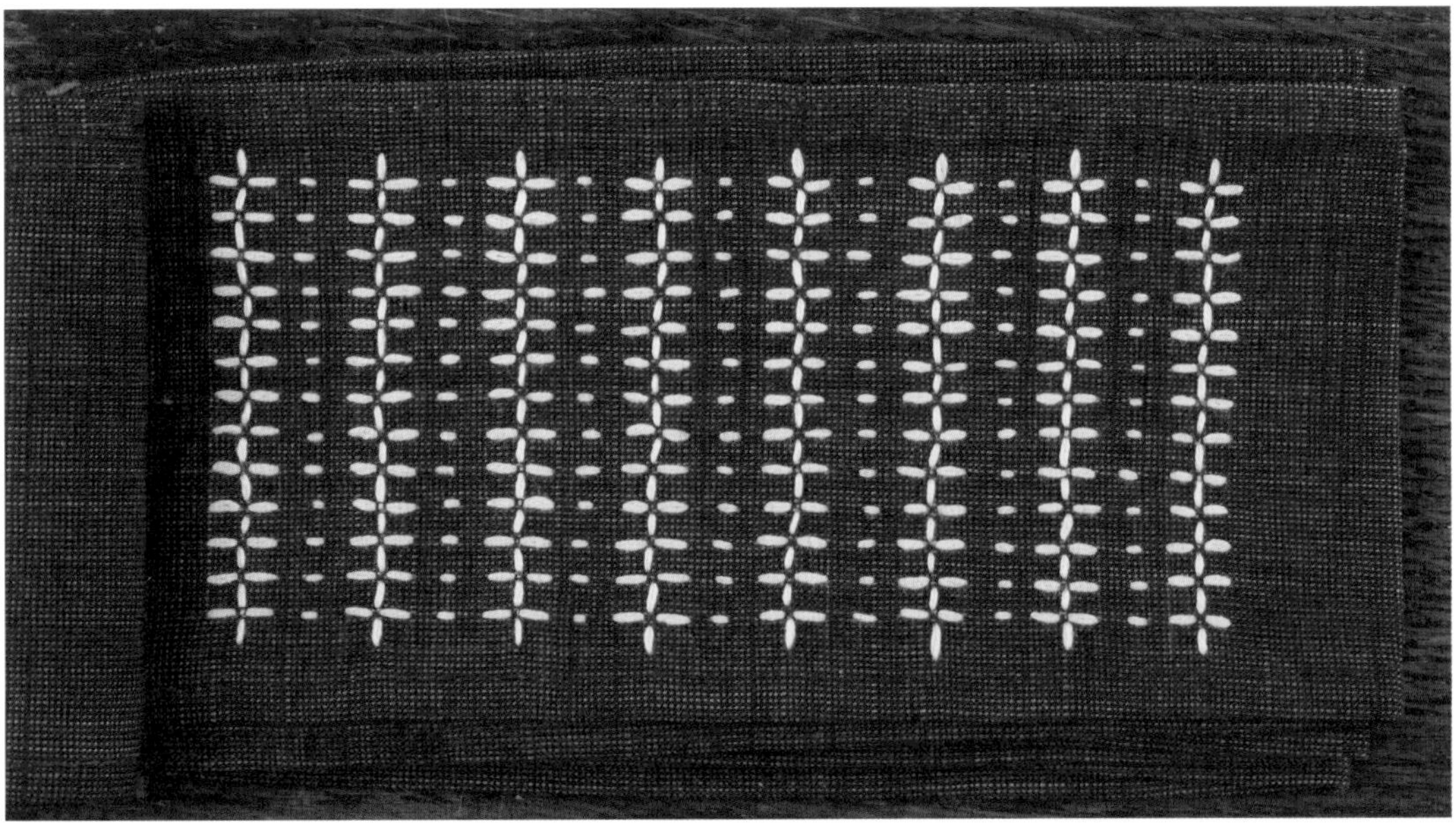

× 花十字刺し　図案は p.75

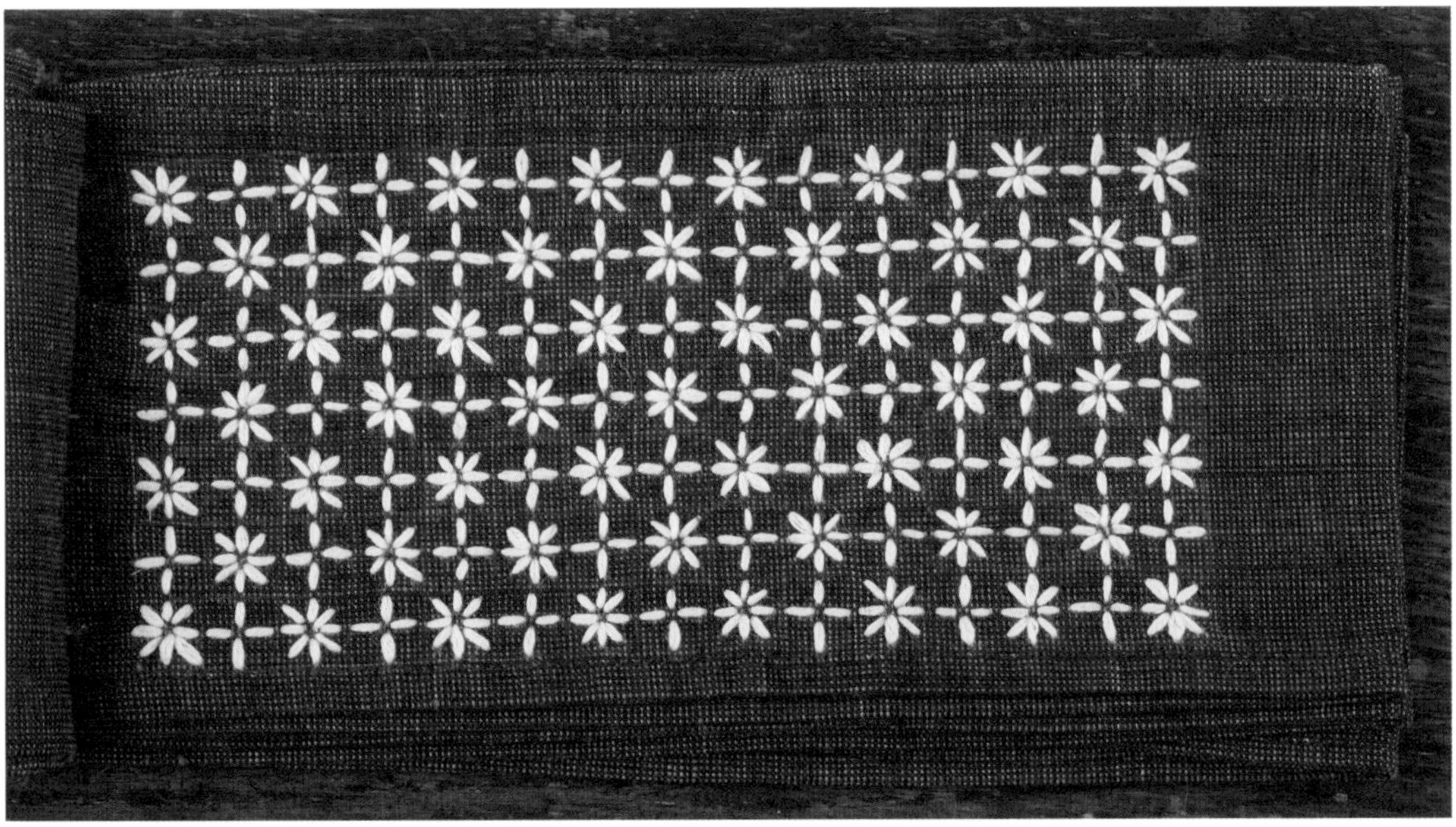

× 米の花刺し　図案は p.75

ⅹ 絣つなぎ　図案はp.76

ⅹ 花亀甲　図案はp.78

地刺し①　図案はp.77

変わり菱刺し　図案はp.77

花菱　図案は p.78

旗刺し　図案は p.78

本十字菱掛け　図案は p.79

地刺し②　図案は p.79

x お繕い①　刺し方は p.73

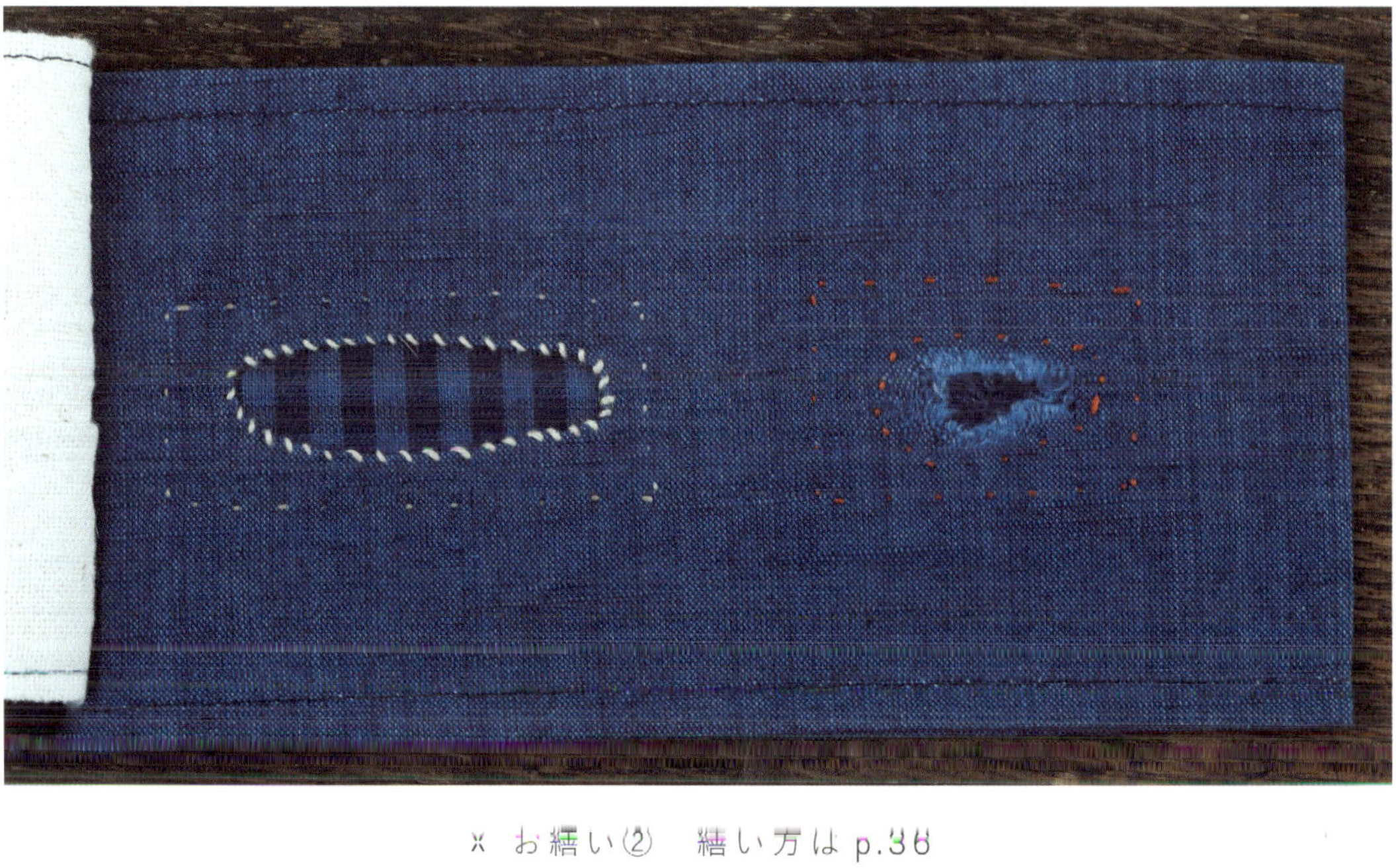

x お繕い②　繕い方は p.38

HOW TO MAKE

作品を作り始める前に

この本では古くなった手ぬぐいを染め直したものや
手持ちの端切れ、古布などを使用しています。
また一部、市販の刺し子糸を藍染めや
柿渋染めにして使用している場合があります。
手持ちの材料で自由にアレンジをお楽しみください。

図案の見方

＊ 図案内の方眼は案内線です。必要に応じて、布に案内線を引いてから図案を写します。
＊ 図案はすべて実物大です。同じ模様を繰り返して刺す場合は図案が省略されているので、「中心」や「中央」の印を起点に、図案を左右または上下対称に写します。
＊ 図案を写す際、使用する布の幅や作りたい作品の大きさに合わせて配置を調整しましょう。
＊ 市販の方眼用紙を使用する場合、希望のサイズの方眼用紙がない場合は、製図をしたあとに、作りたい作品のでき上がりサイズに合わせて、拡大または縮小コピーをしてもよいでしょう。
＊ 図案内の矢印と丸付き数字は、刺す順番と方向を表しています。
＊ 刺し方の順番や矢印の方向は目安です。ご自分の刺しやすい手順で針を進めましょう。
＊ 作り方解説中、特に指定のない数字の単位は㎝です。
＊ 材料内の糸の色名の後の（ ）内の数字はメーカーによる色番号です。
＊ 布の用尺は、指定の場合をのぞき、幅×長さの順で実際の寸法か、それより少し多めに表記しています。また、材料はあくまでも目安です。必要に応じて調整してください。
＊ 実物大型紙には縫い代が含まれていません。指定の縫い代をつけてください。
＊ でき上がりサイズはおおよその寸法です。図案を写す際に誤差が生じたり、縫い縮みなどにより、必ずしもその通りにならない場合があります。

お守り袋 p.06

材料

布…a・c 藍染めの木綿　各10×20cm、
b 生成りの木綿　10×20cm

糸…ダルマ刺し子糸<細>
a きなり（2）／1本どり、b きなり（2）／2本どり、c きなり（2）を藍染めにして使用／2本どり

打ちひも（直径 0.2cm）…
60cm（a・c 紺、b 白）

でき上がりサイズ

各約縦 7×横 5.5cm

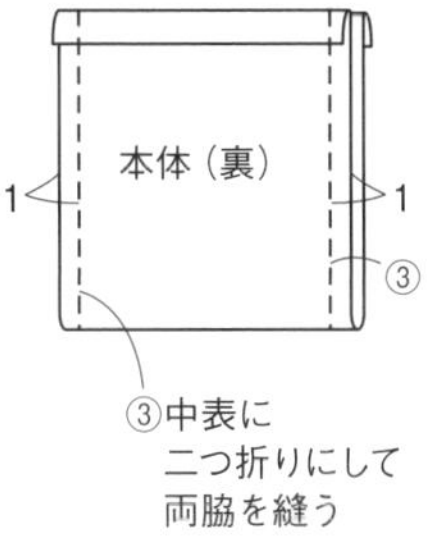

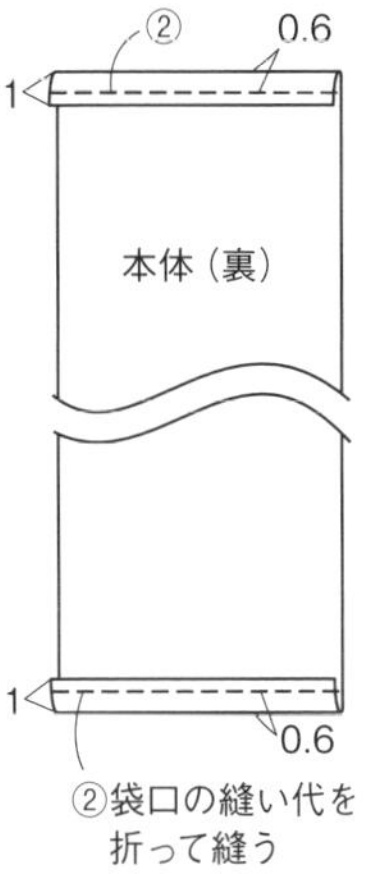

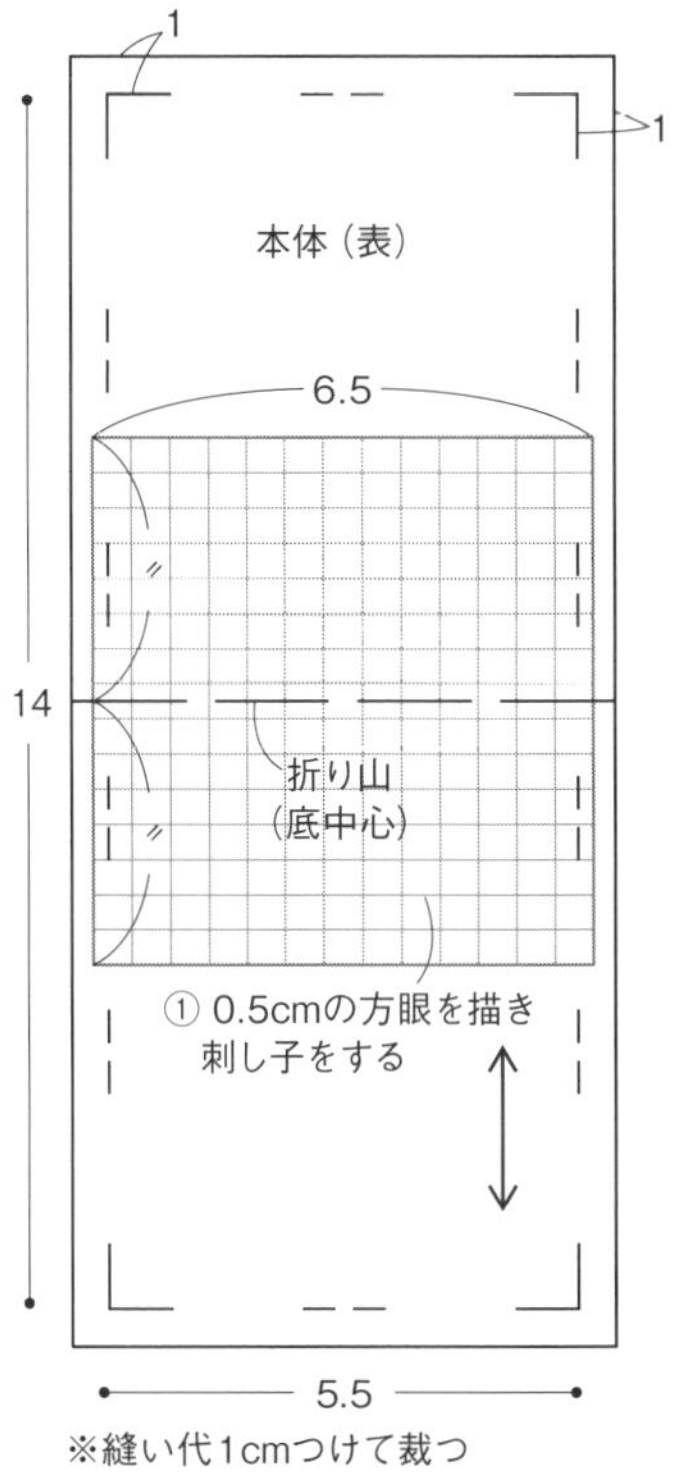

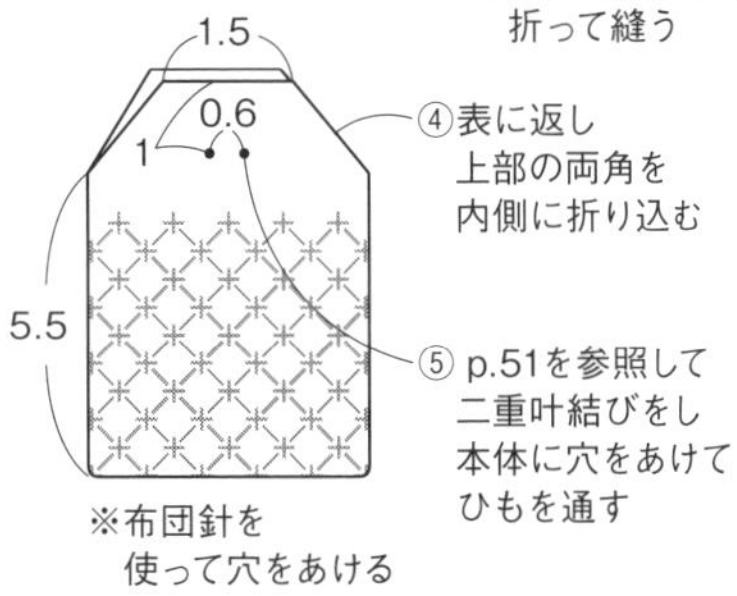

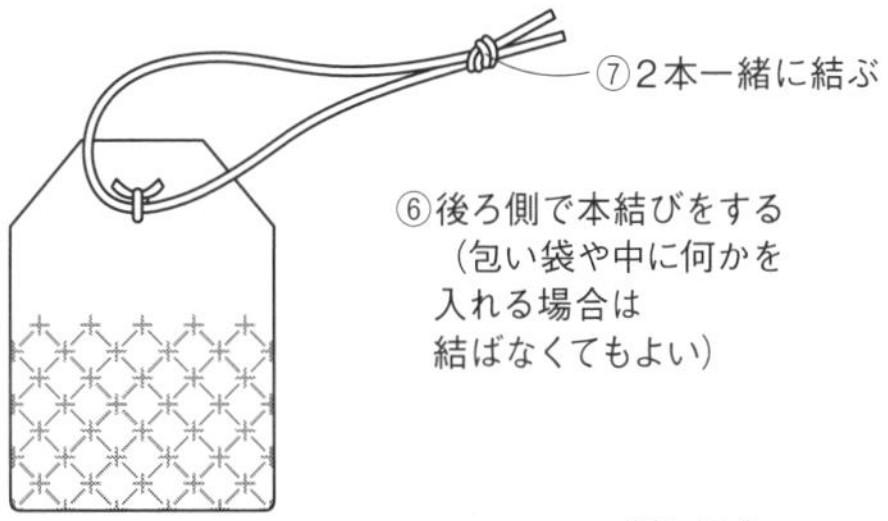

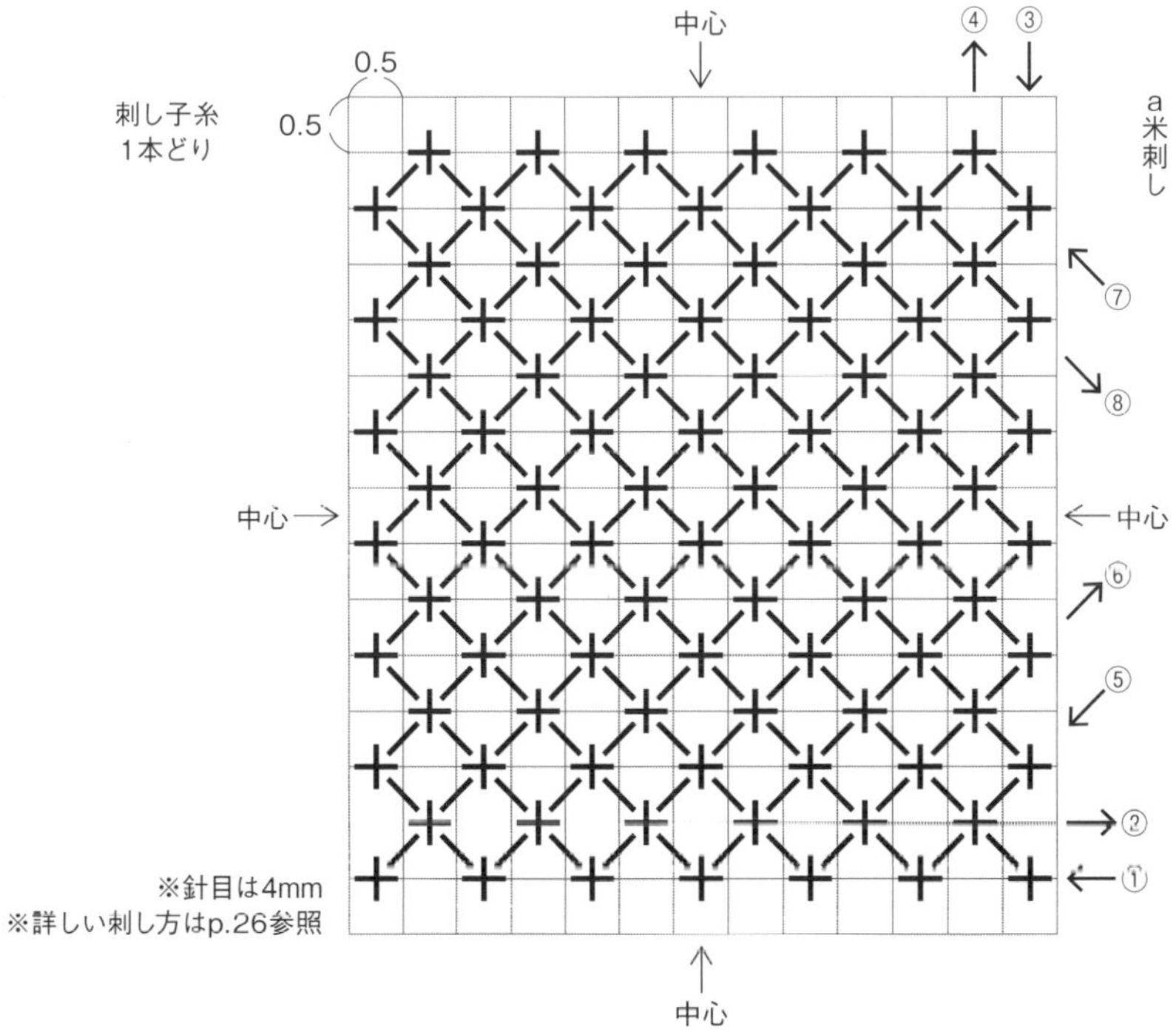

二重叶結び

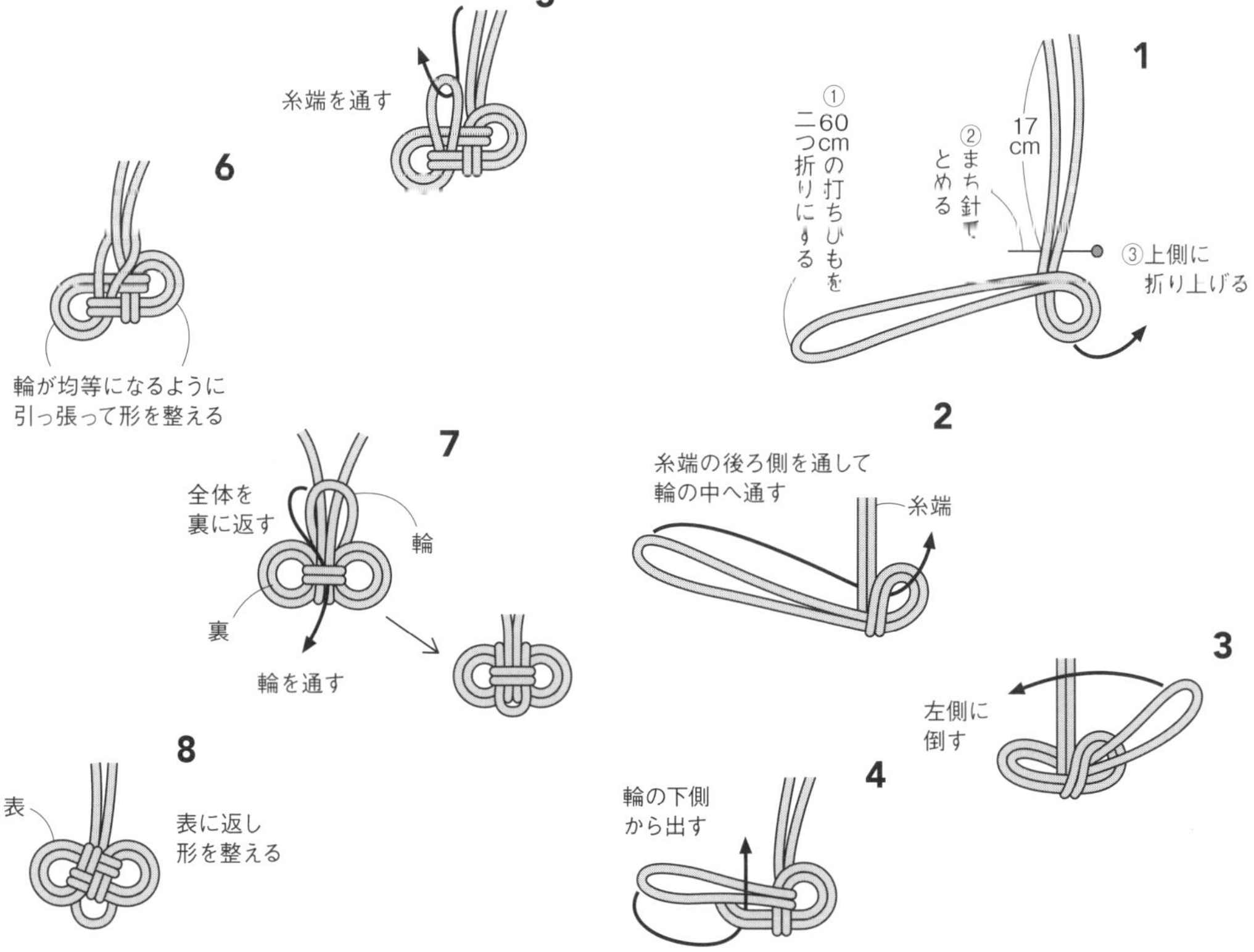
1
①60cmの打ちひもを二つ折りにする
②まち針でとめる
17cm
③上側に折り上げる
2
糸端の後ろ側を通して輪の中へ通す
糸端
3
左側に倒す
4
輪の下側から出す
5
糸端を通す
6
輪が均等になるように引っ張って形を整える
7
全体を裏に返す
輪
裏
輪を通す
8
表
表に返し形を整える

b・c米の花刺し

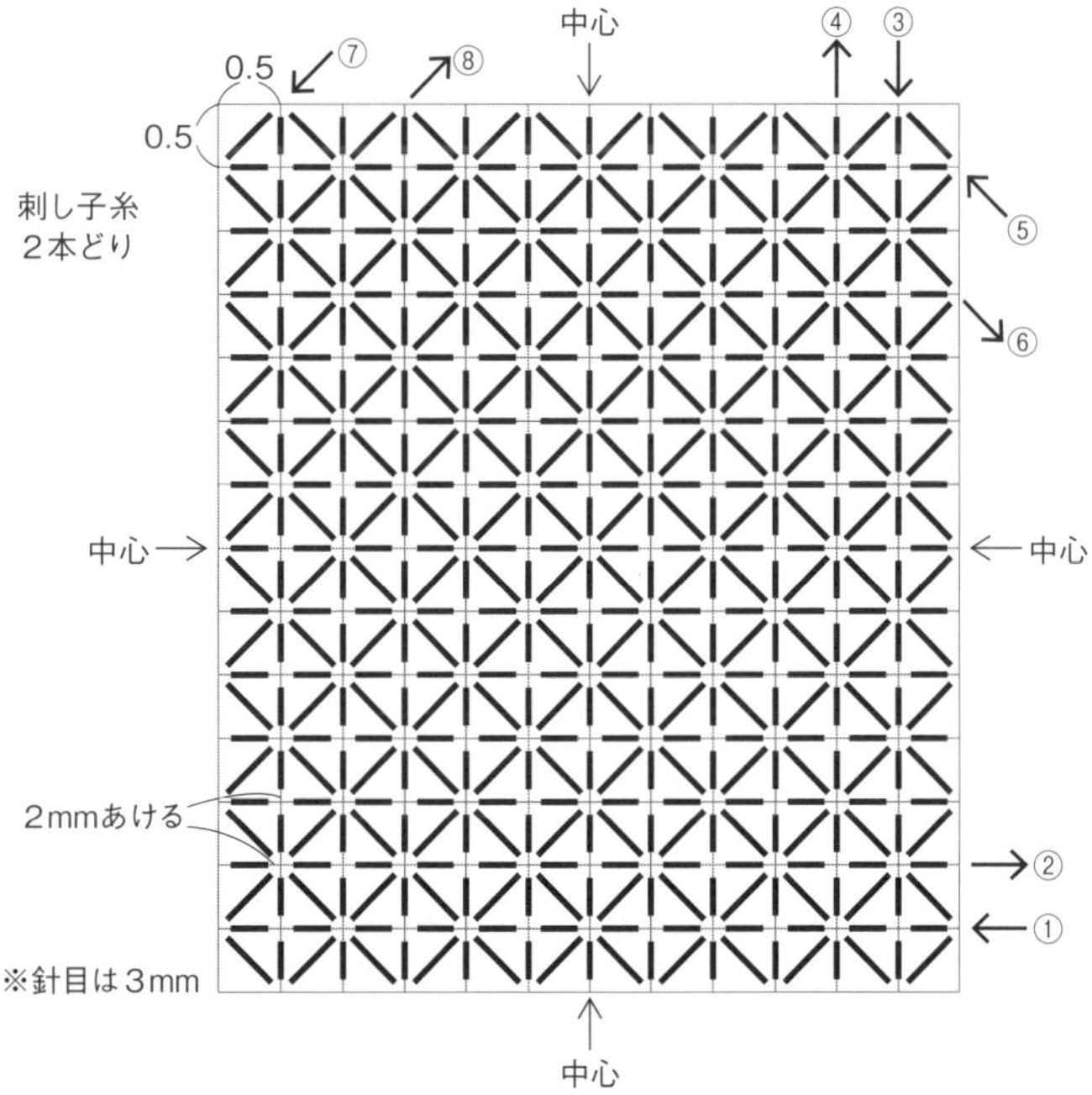
0.5
0.5
⑦
⑧
中心
④
③
⑤
⑥
刺し子糸2本どり
中心
中心
2mmあける
②
①
※針目は3mm
中心

ブローチ

p.07

材料

布…好みの端切れ　各 10 × 10㎝
糸…ダルマ刺し子糸<細>
　a 金茶（3）、b 茜（7）、c きなり（2）、
　d きなり（2）を藍染めにして使用
　／各 2 本どり
ブローチ台…直径 4.5㎝

でき上がりサイズ

各直径 4.5㎝

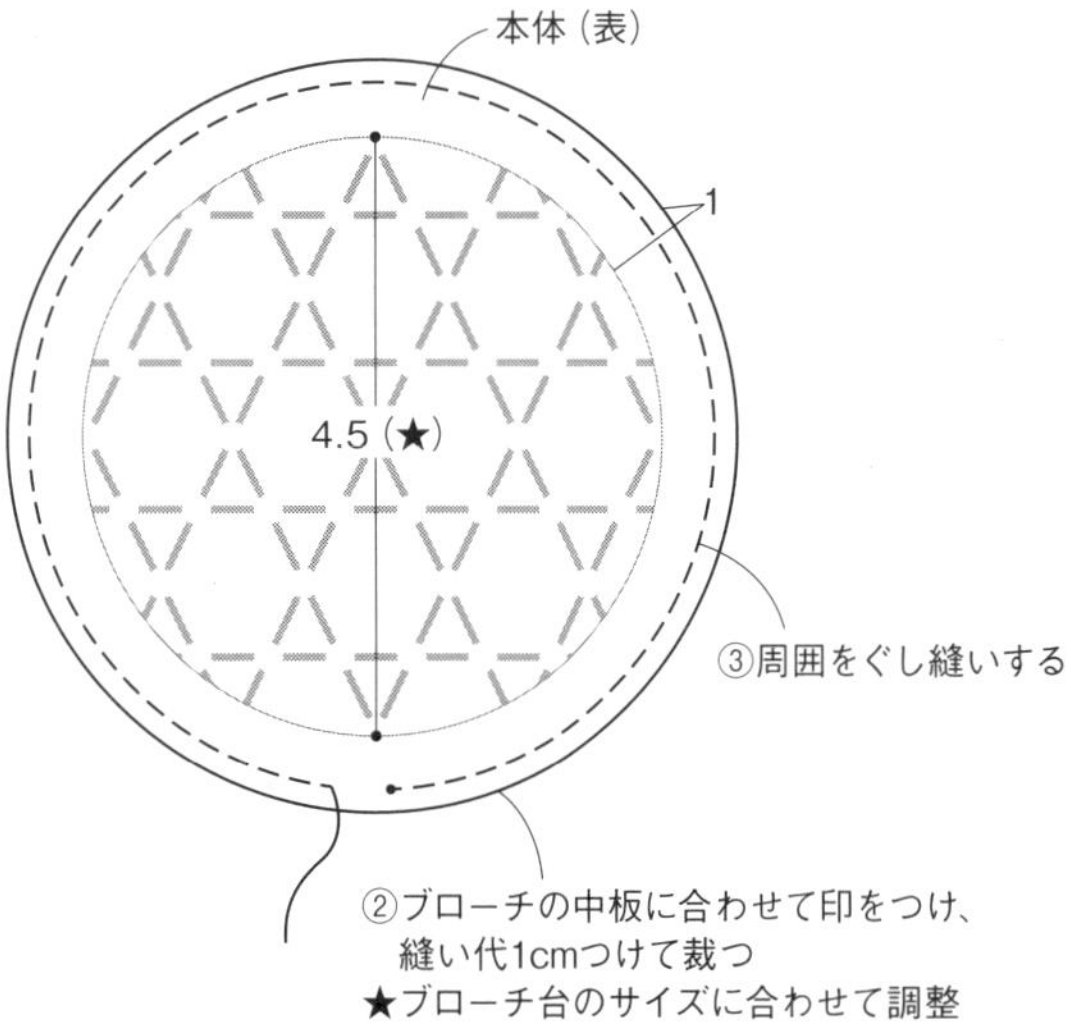

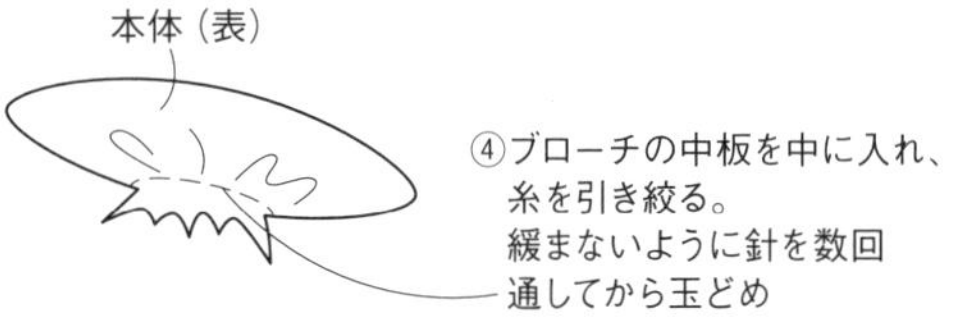

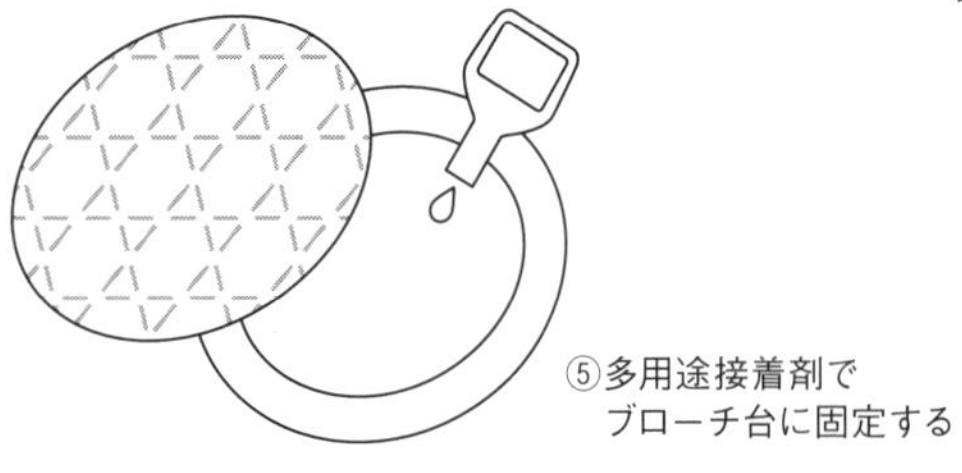

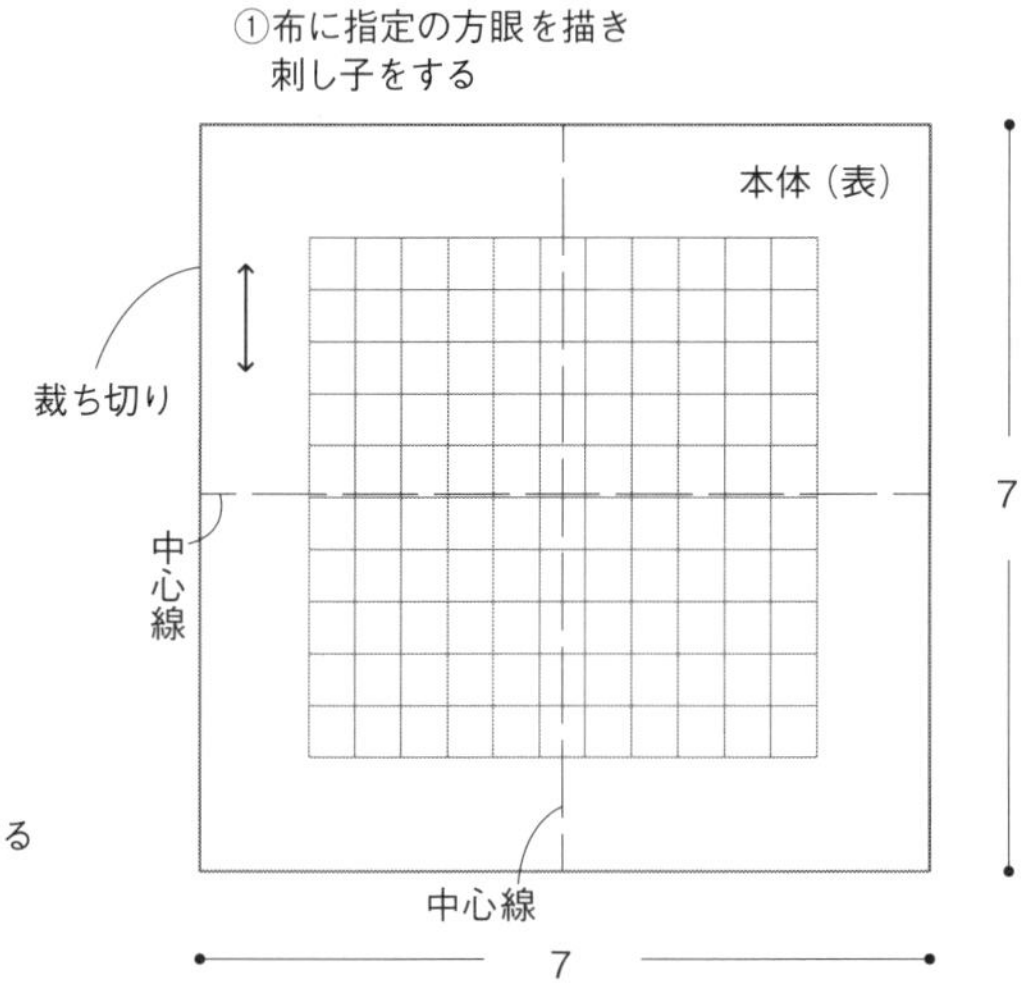

a・c 篭目刺し

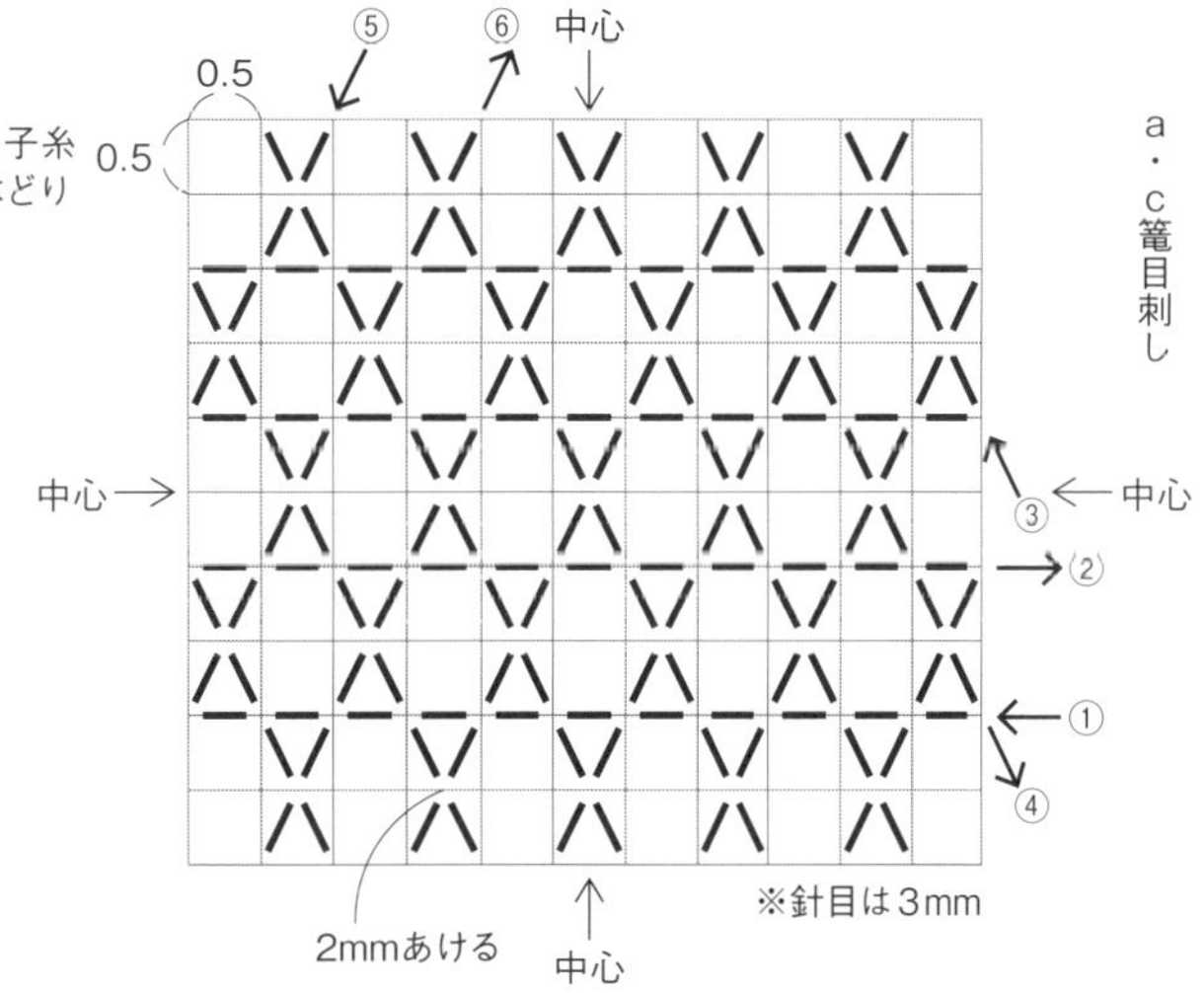

b 絣つなぎ

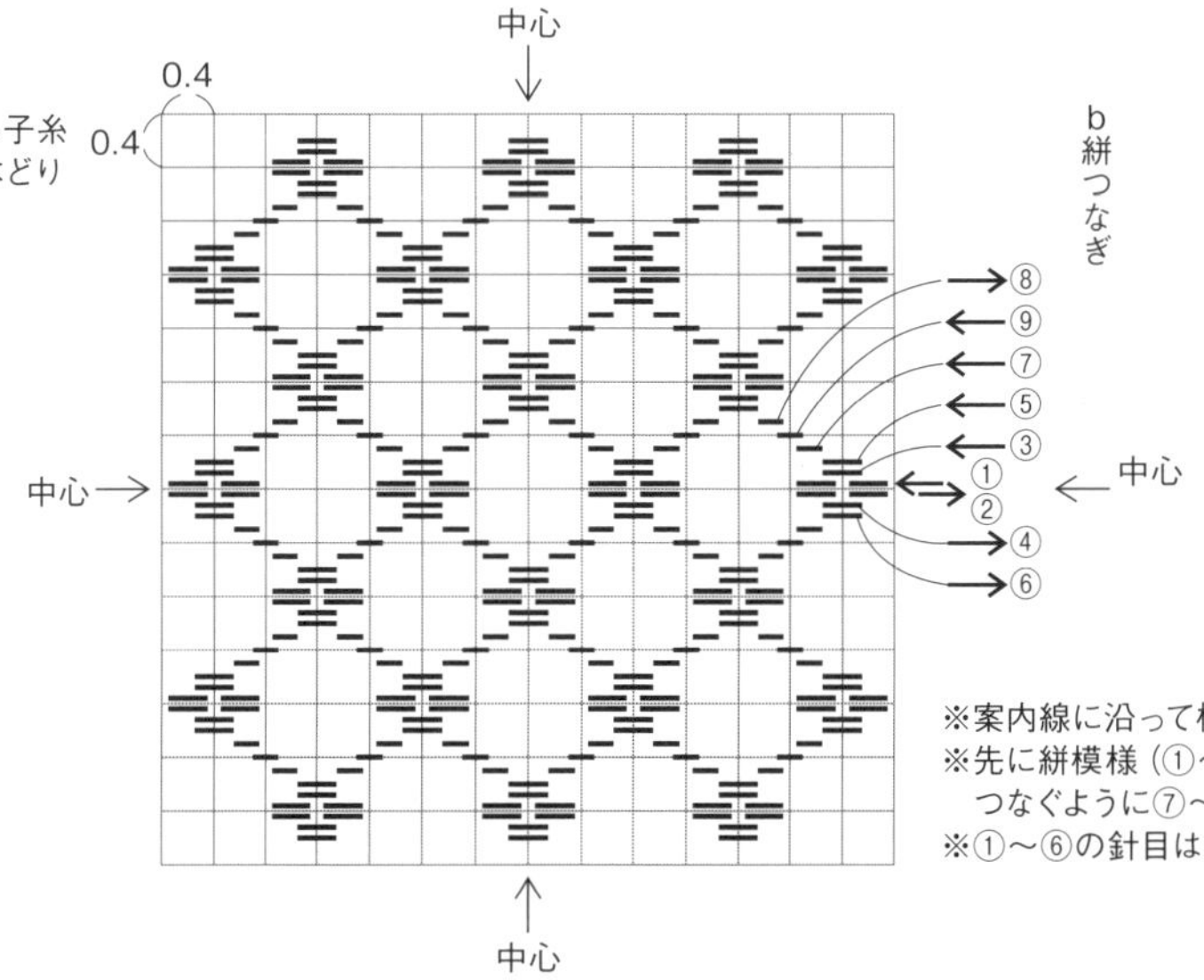

※案内線に沿って横一列に続けて刺す
※先に絣模様（①〜⑥）を刺し、その間をつなぐように⑦〜⑨を刺す
※①〜⑥の針目は3mm、⑦〜⑨は2mm

d 鷹の羽刺し

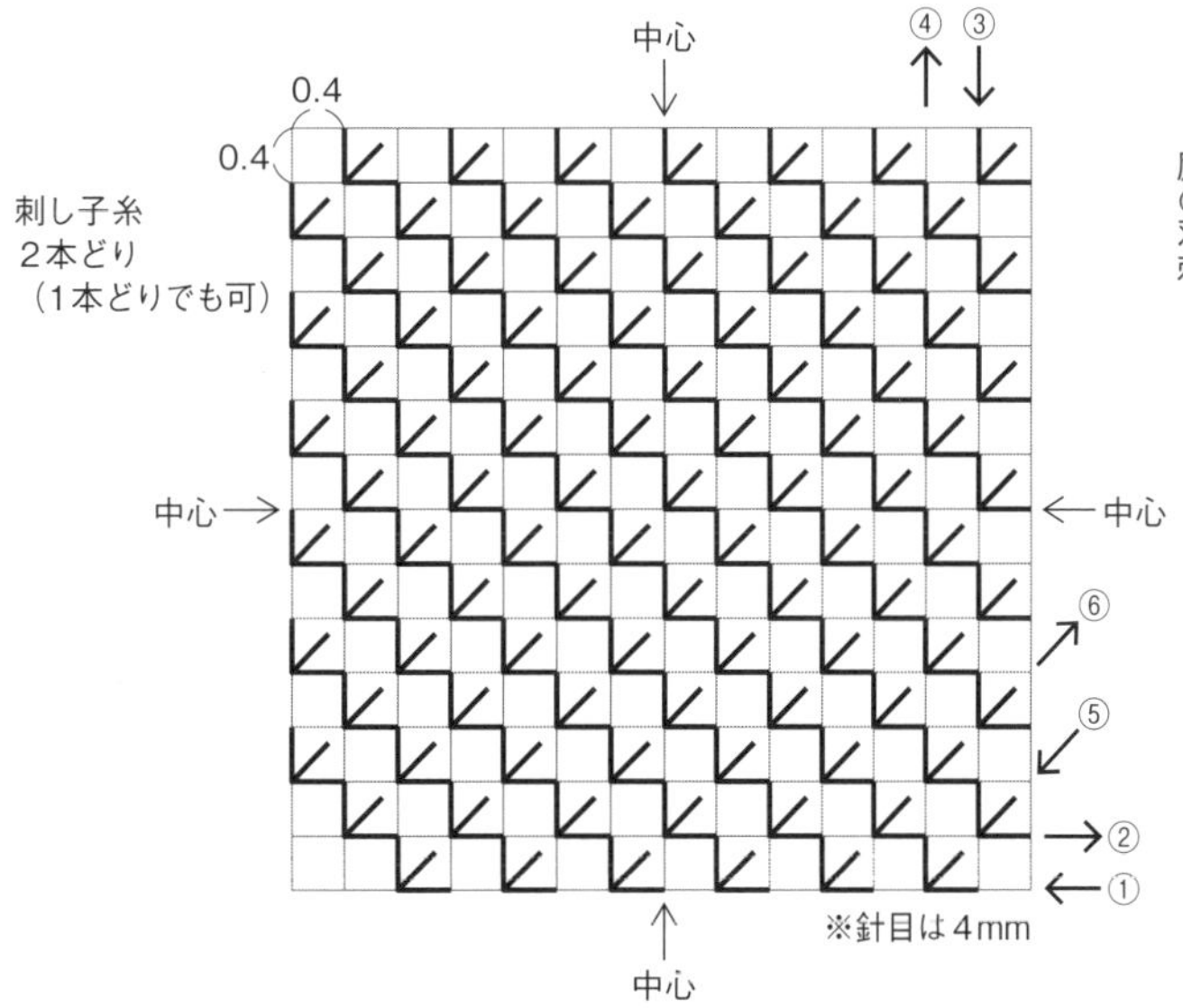

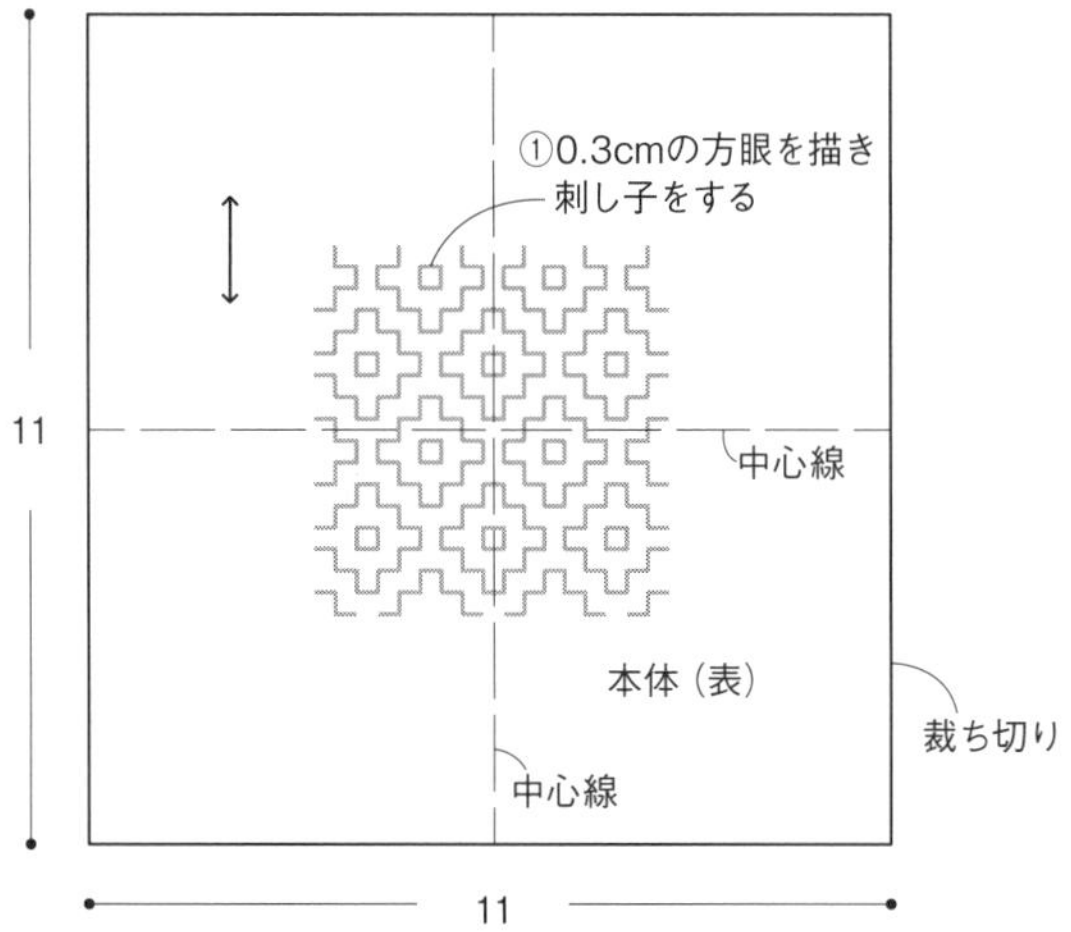

柿の花刺しの針山

p.08

材料

布…藍染めの木綿　各 15 × 15㎝
糸…ダルマ刺し子糸<細>
　a きなり（2）、b きなり（2）を柿渋染め（鉄媒染）にして使用／各 1 本どり
わた…適宜
木製カップ…内径 4㎝

でき上がりサイズ（本体）

各直径約 4㎝

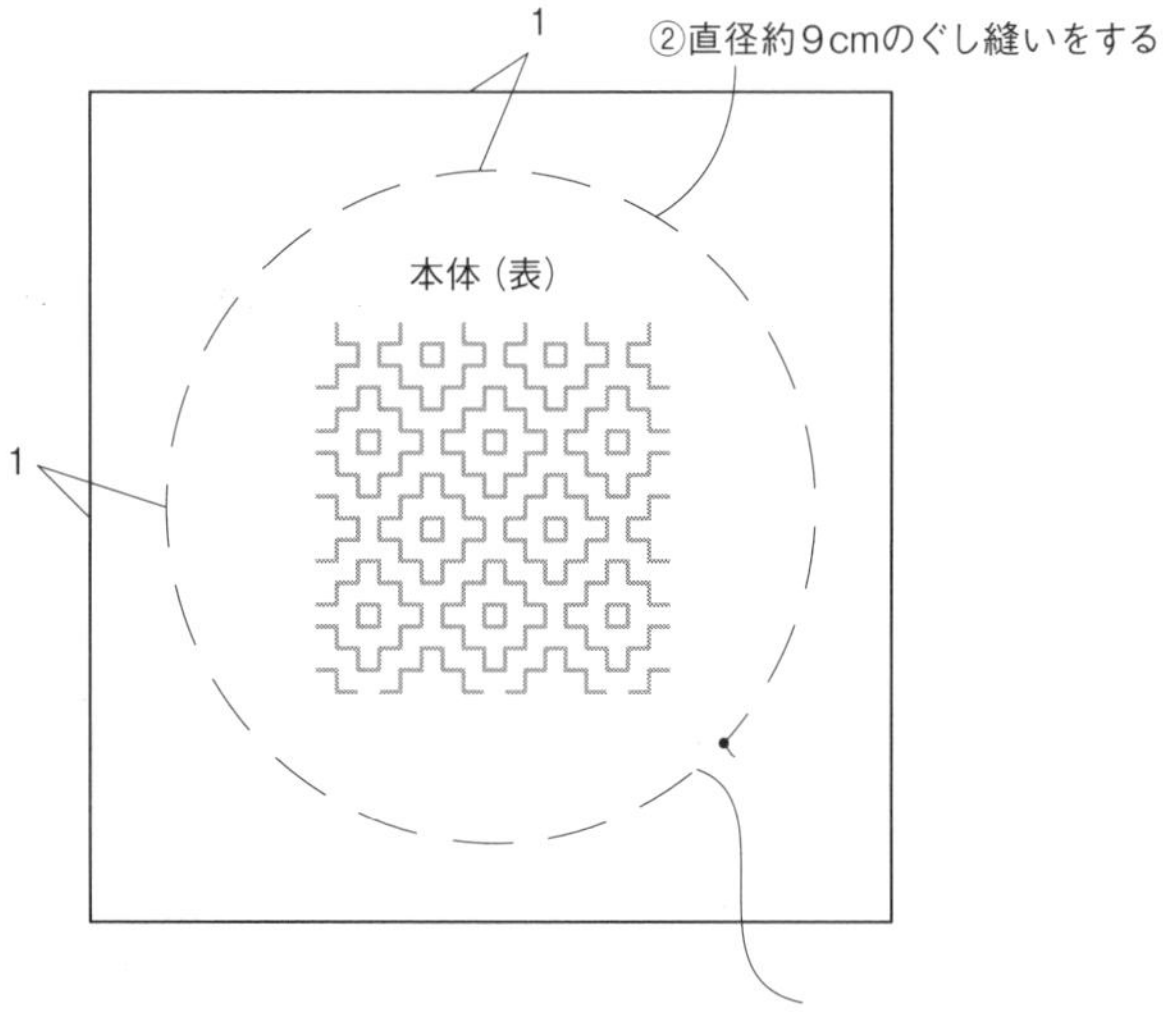

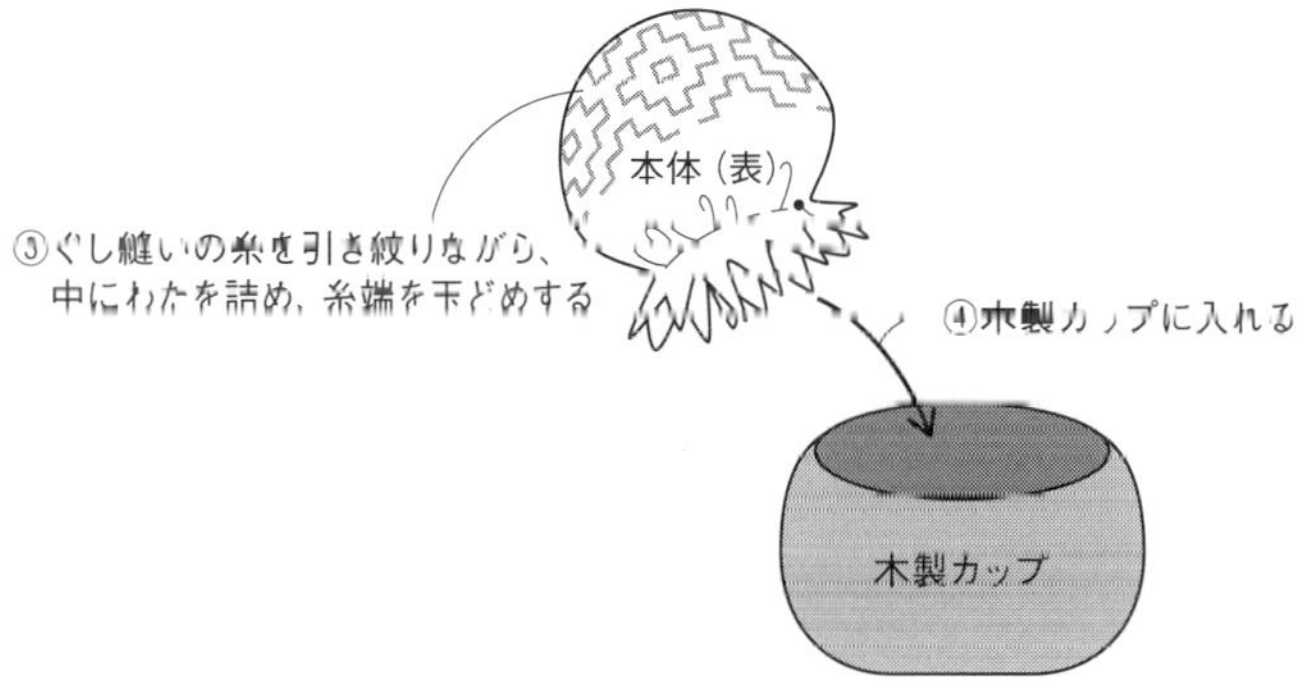

柿の花刺し

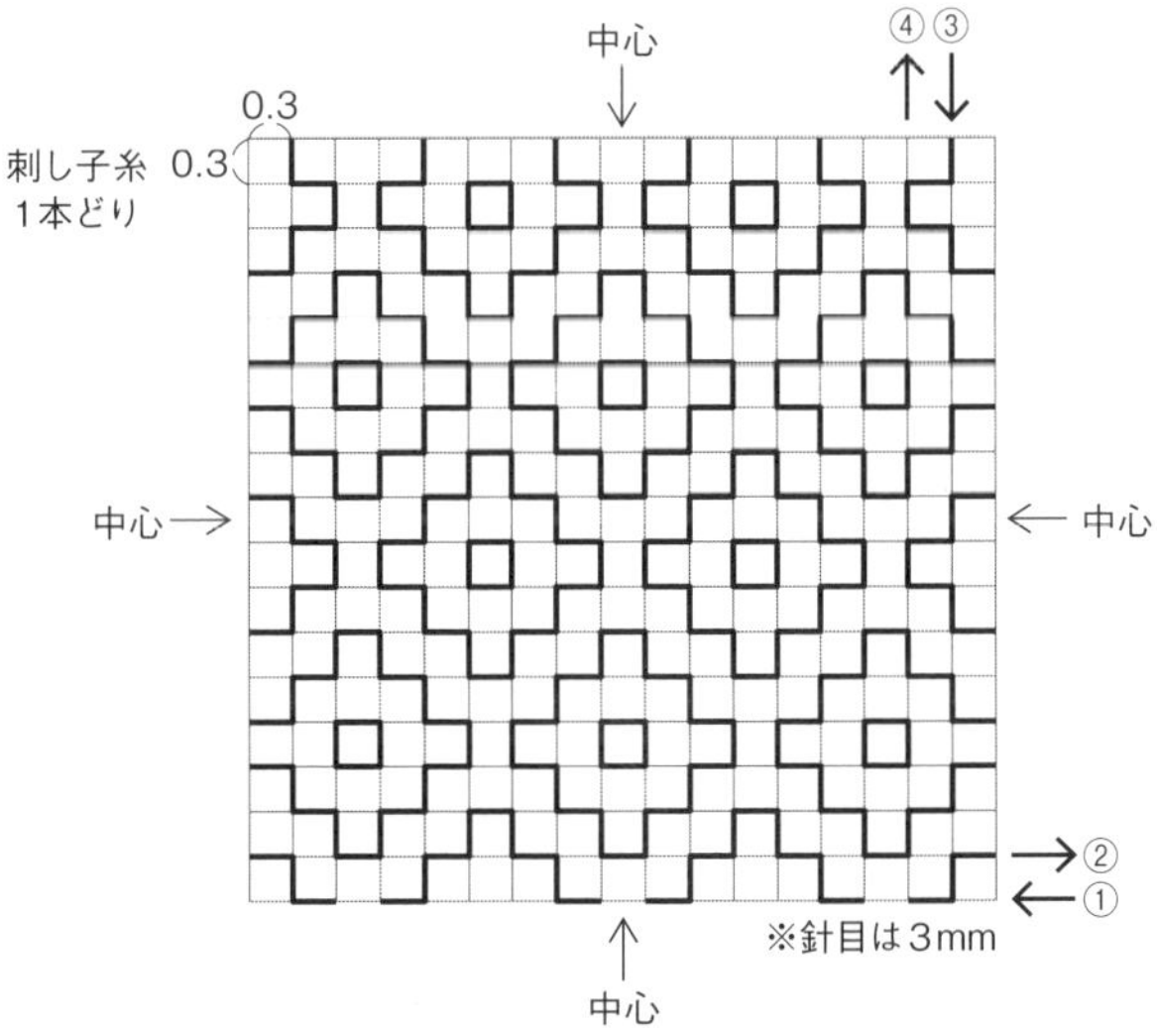

本十字菱掛けの
コースター

p.09

材料

布…ベージュのリネン　15 × 20㎝
糸…アヴリルの麻糸オフホワイト
　　／1本どり

でき上がりサイズ

各約縦 8 ×横 8㎝

※縫い代1cmつけて裁つ

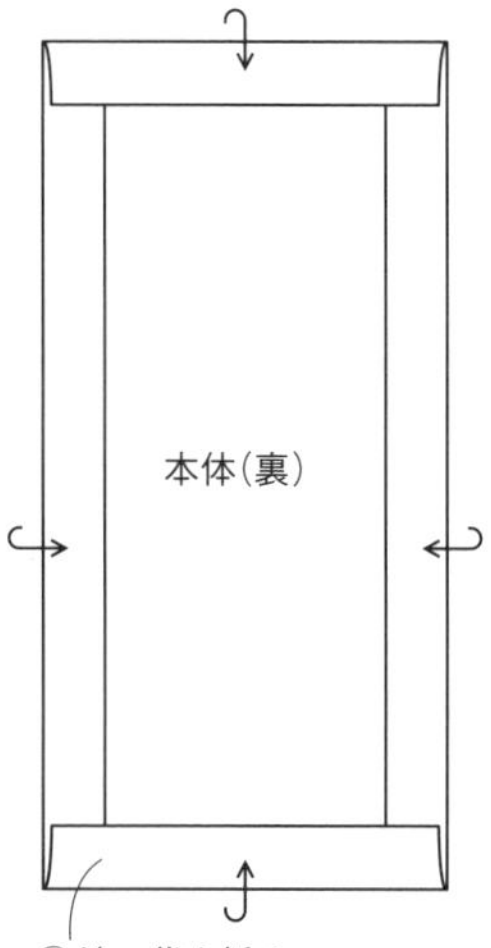
本体(裏)
②縫い代を折る

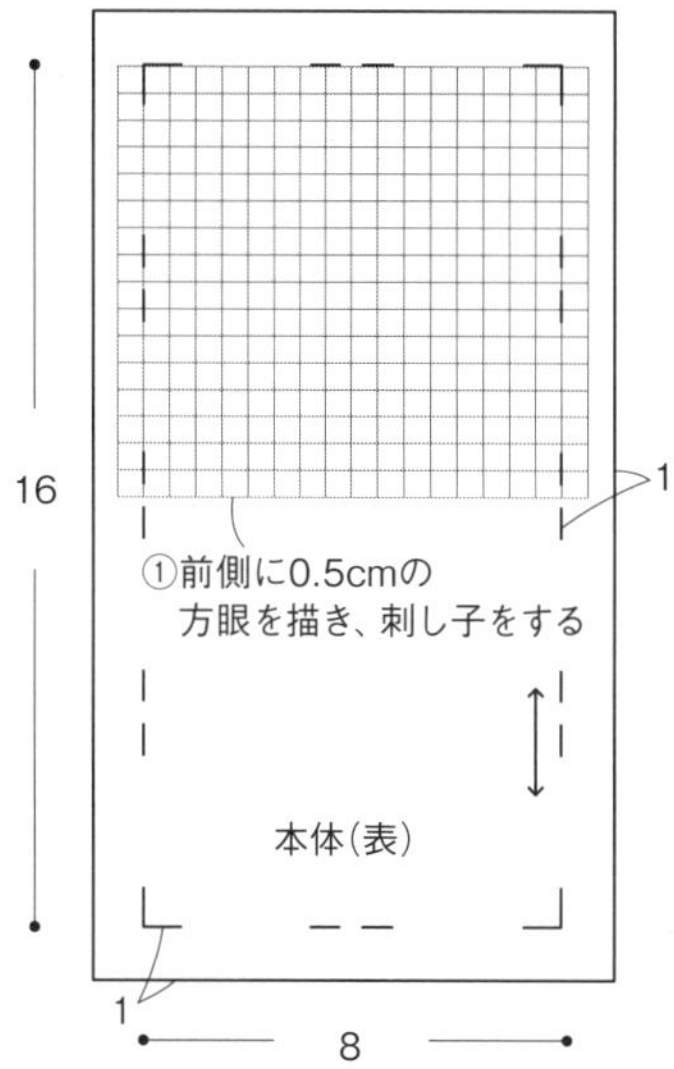
16
1
①前側に0.5cmの
方眼を描き、刺し子をする
本体(表)
1
8

※リネンはひとまわり
大きめに裁ち、
水通しをして半乾きの
状態まで陰干しし、
アイロンで布目を整えておく

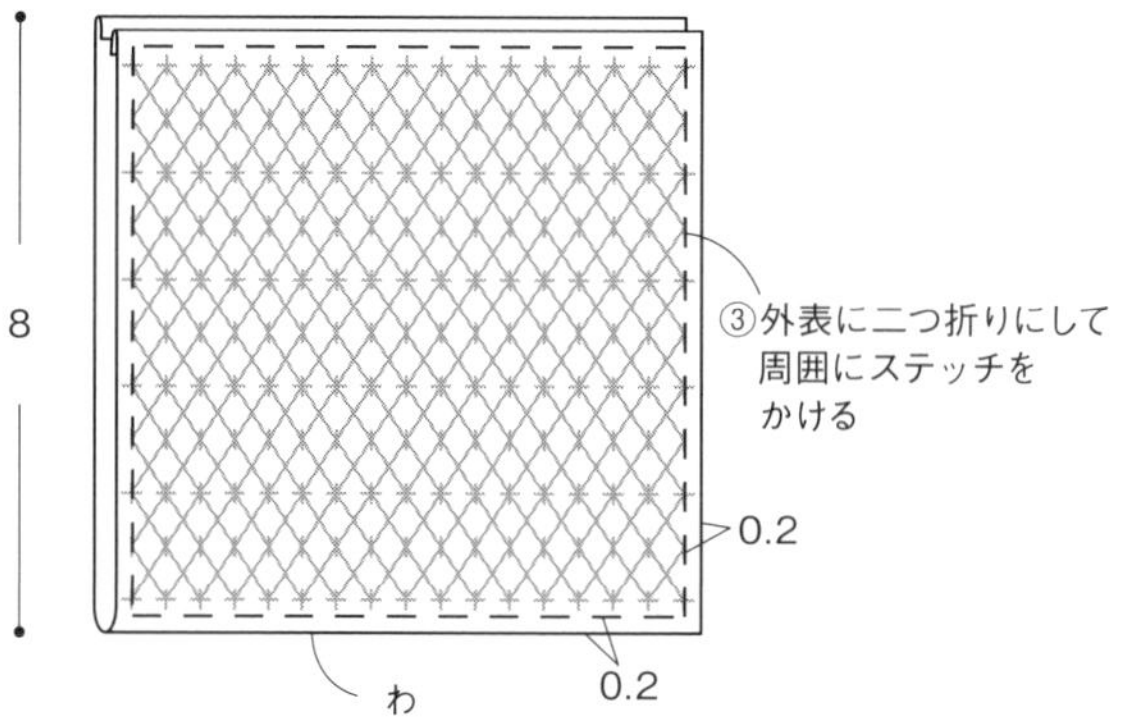
8
③外表に二つ折りにして
周囲にステッチを
かける
0.2
0.2
わ

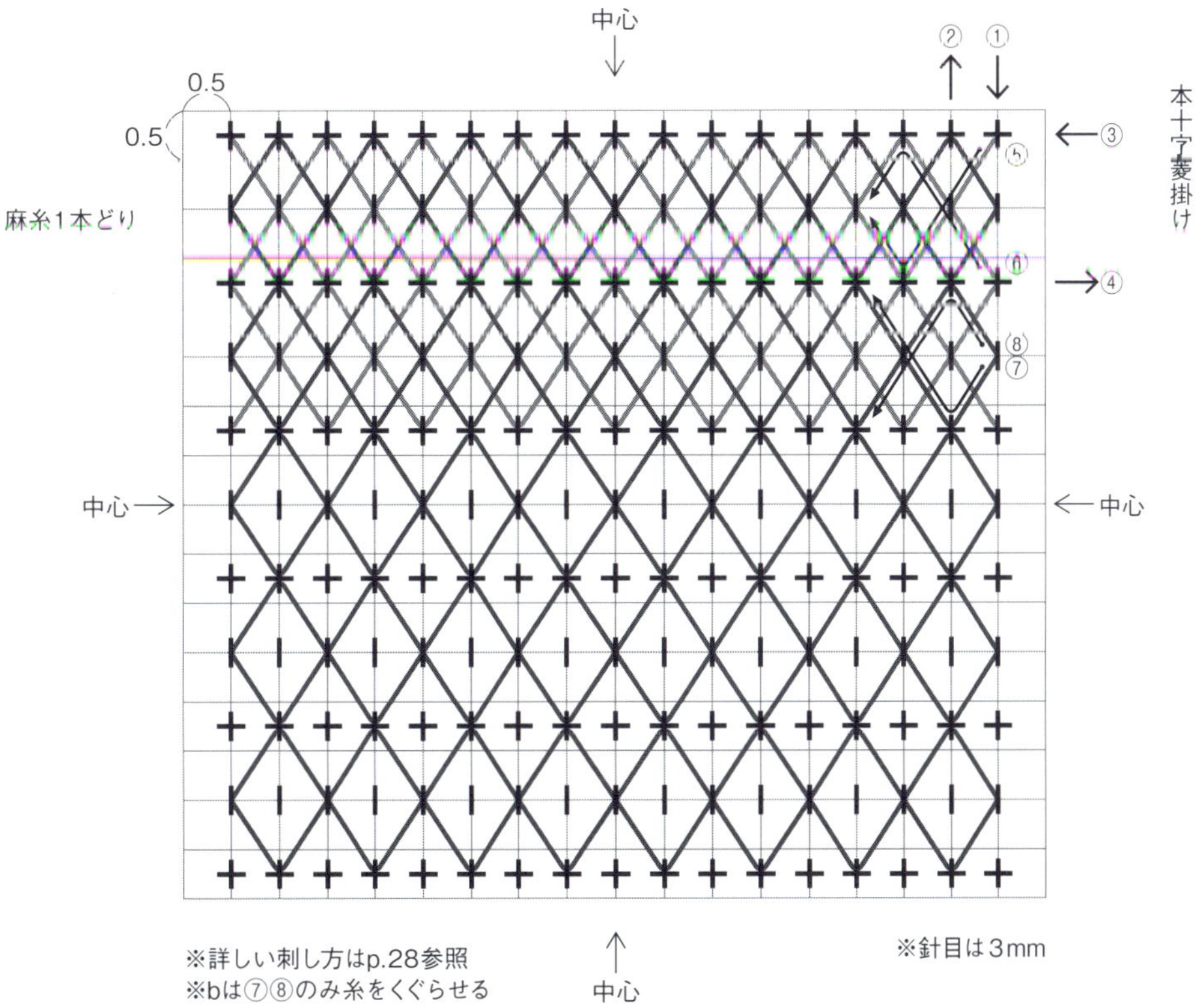

※詳しい刺し方はp.28参照
※bは⑦⑧のみ糸をくぐらせる

※針目は3mm

蛾刺しのがま口 **p.10**

材料

布…表布　藍染めの木綿　各15 × 20㎝
　　裏布　チェックの木綿　各15 × 20㎝
糸…ダルマ刺し子糸<細>
　　きなり（2）を藍染めにして使用
　　／1本どり
接着芯…各15 × 20㎝
がま口金…くし型（6㎝）　1個
紙ひも…適宜

でき上がりサイズ

a 約縦 7.5 ×横 6㎝、まち幅約 2㎝
b 約縦 8.5 ×横 6㎝、まち幅約 2㎝

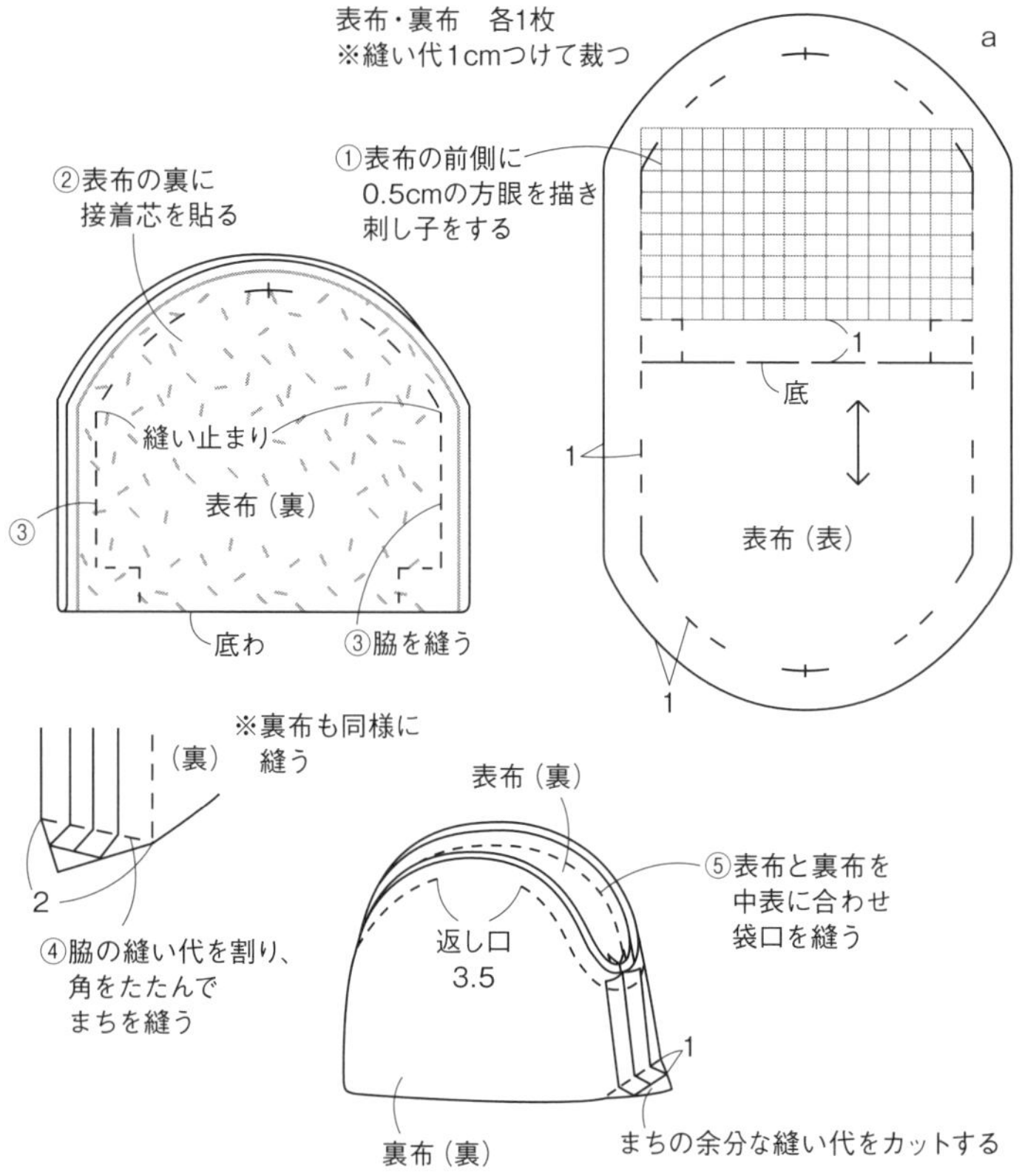

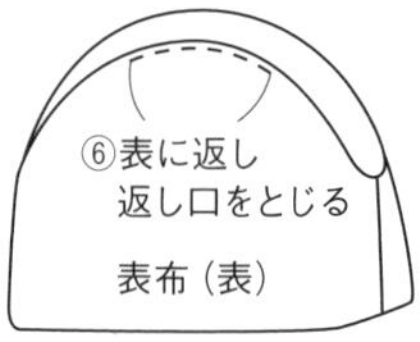

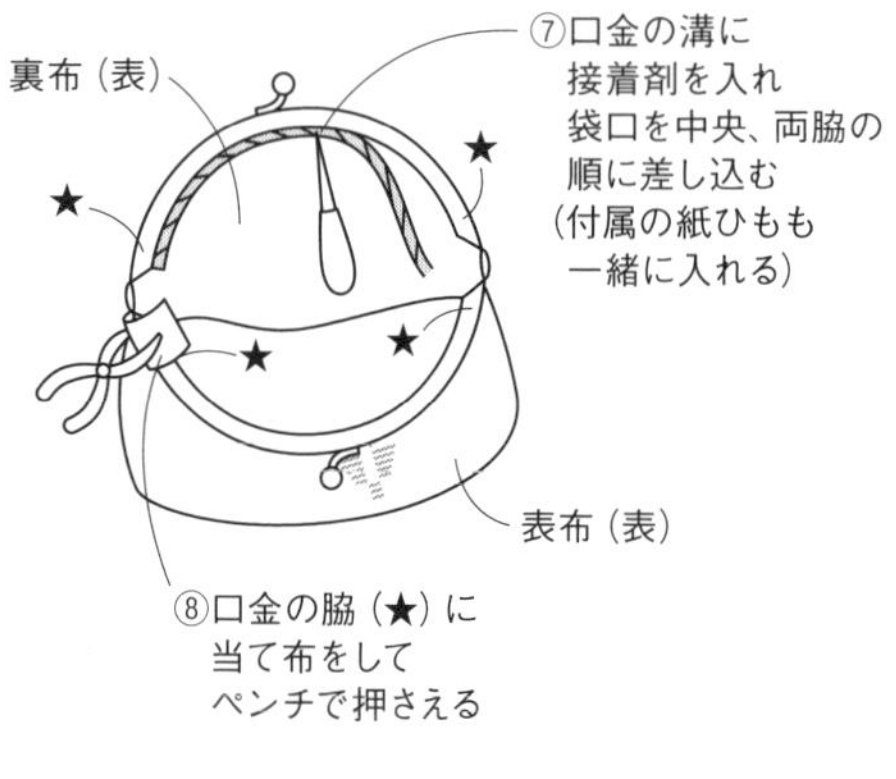

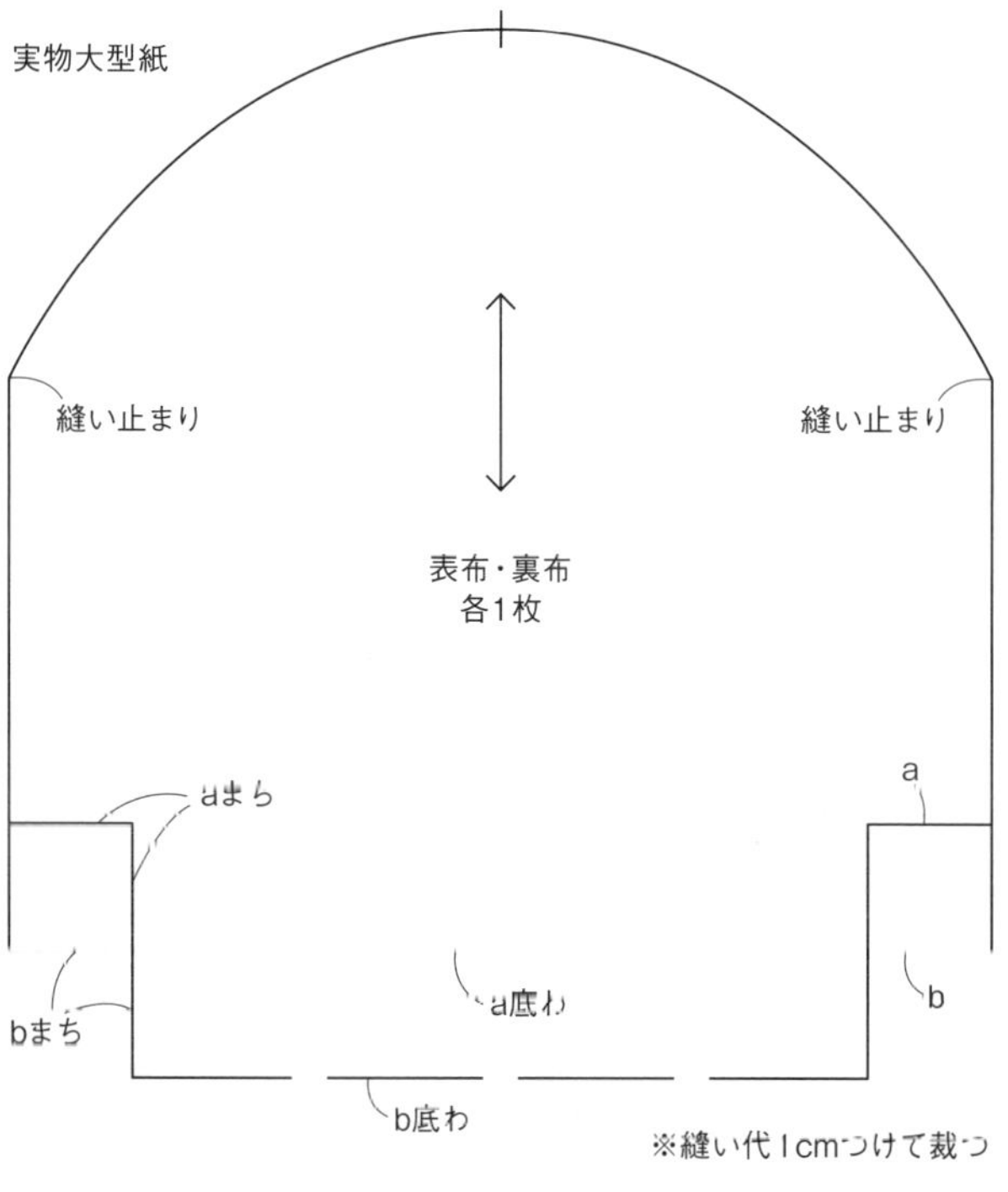

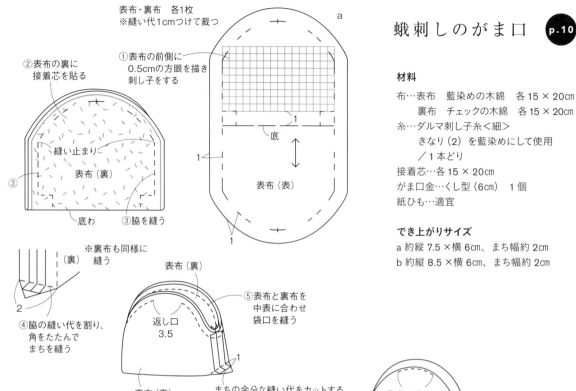

蛾刺し
図案a

刺し子糸1本どり

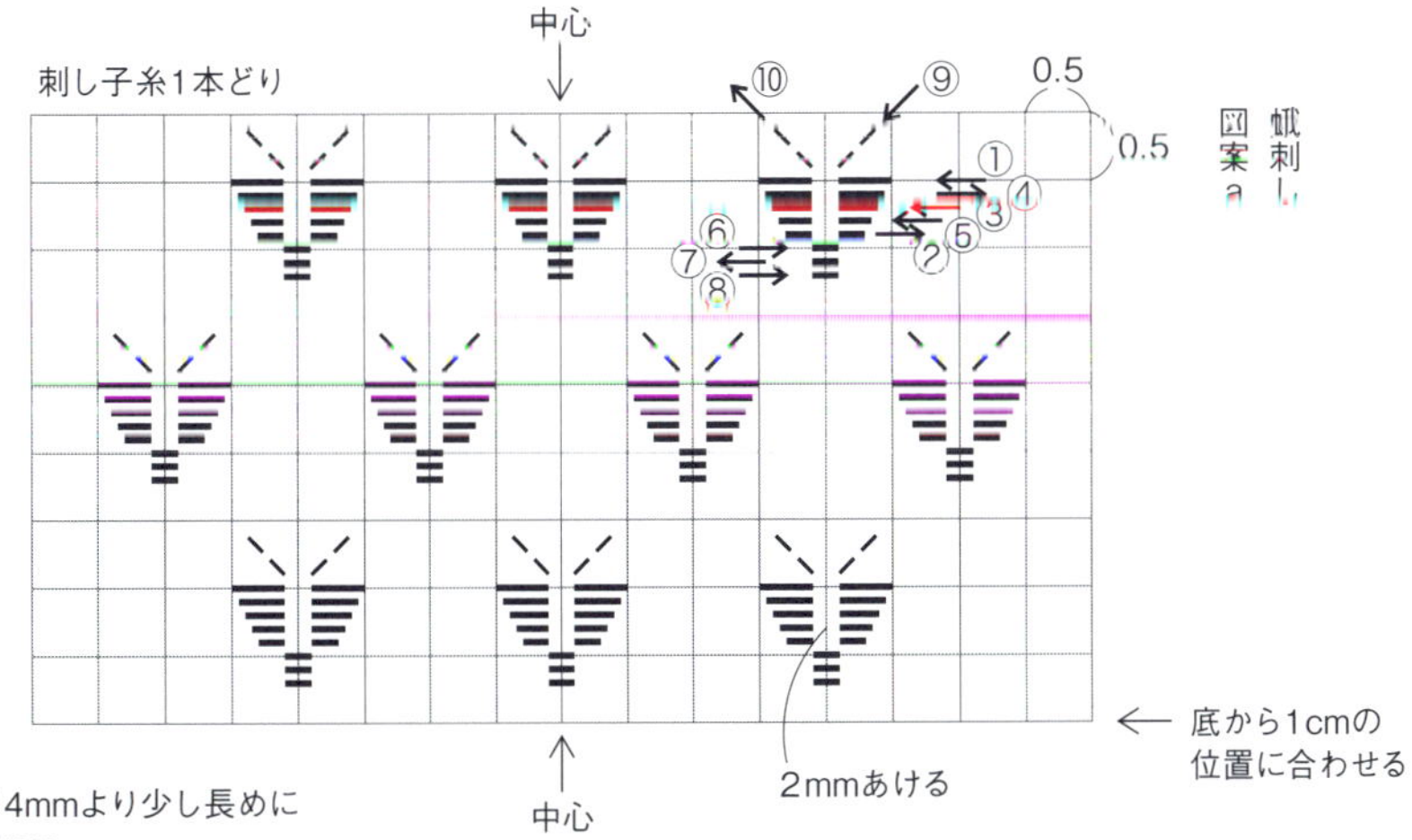

※①の針目は4mmより少し長めに
⑤〜⑧は2mm
②〜④は①と⑤の間を埋めるように
少しずつ針目を短かくしていく

図案b

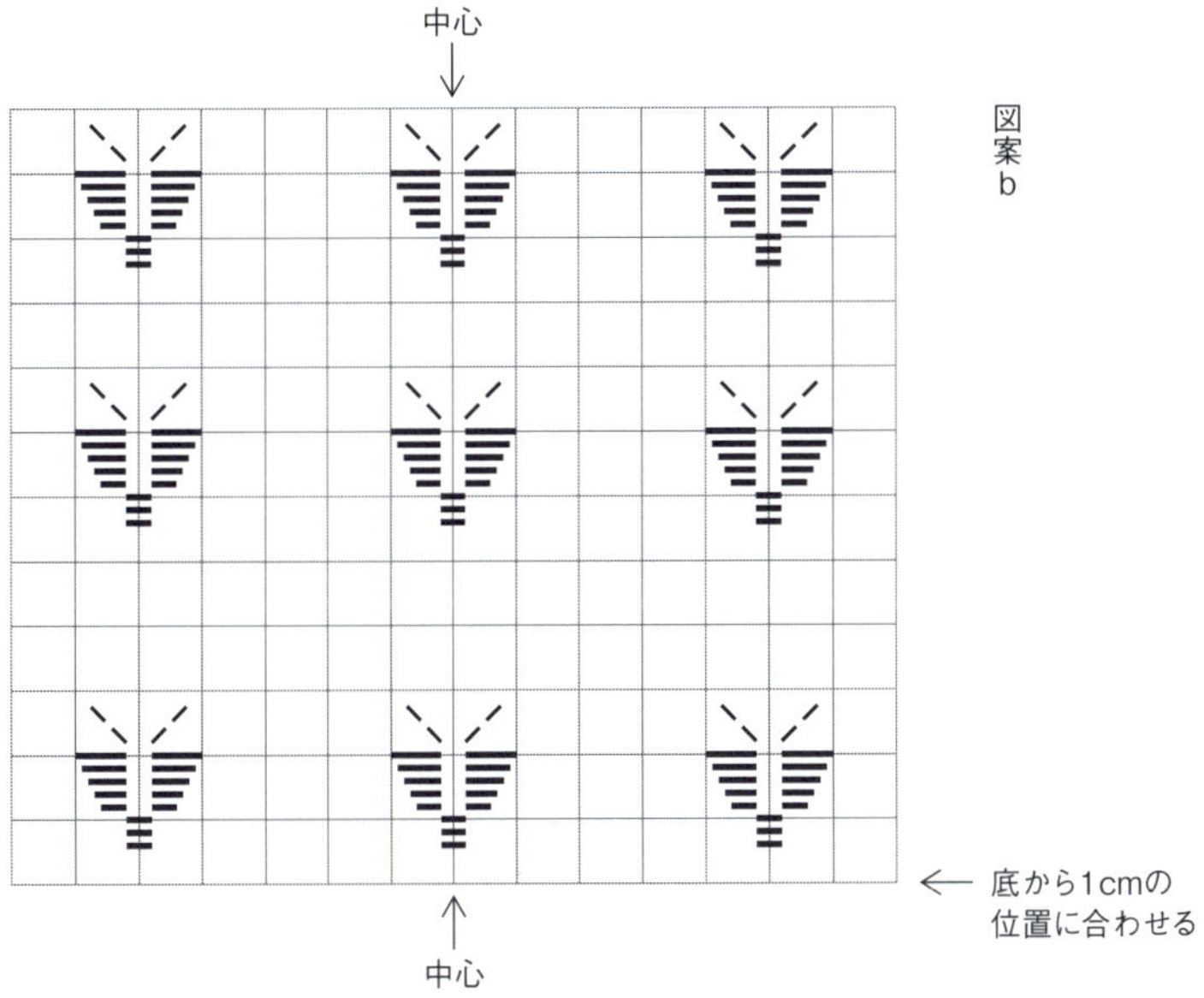

名刺入れ

p.10

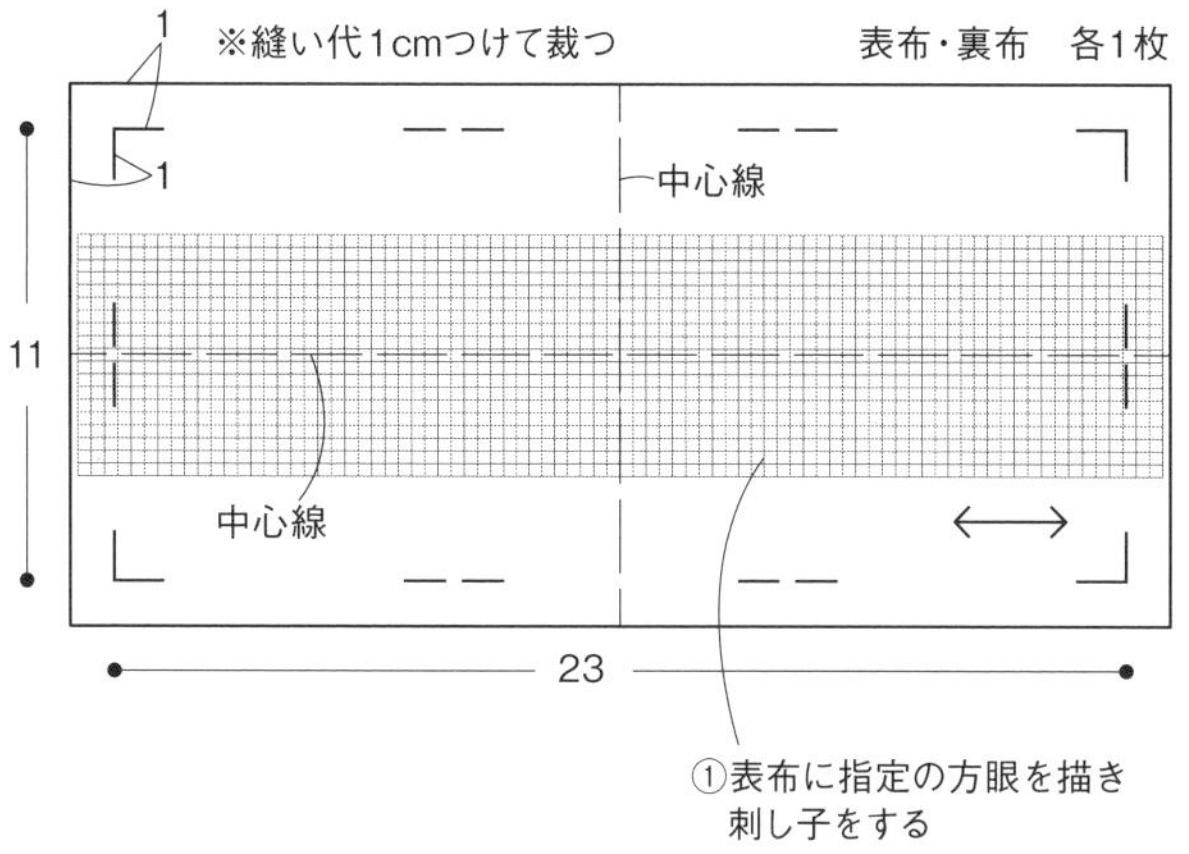

材料

布…表布　藍染めの木綿　各15×30㎝
　　裏布　ストライプの木綿
　　各15×30㎝
糸…ダルマ刺し子糸<細>
　　きなり（2）を藍染めにして使用
　　／1本どり
接着芯…各15×30㎝

でき上がりサイズ

各約縦7×横11㎝

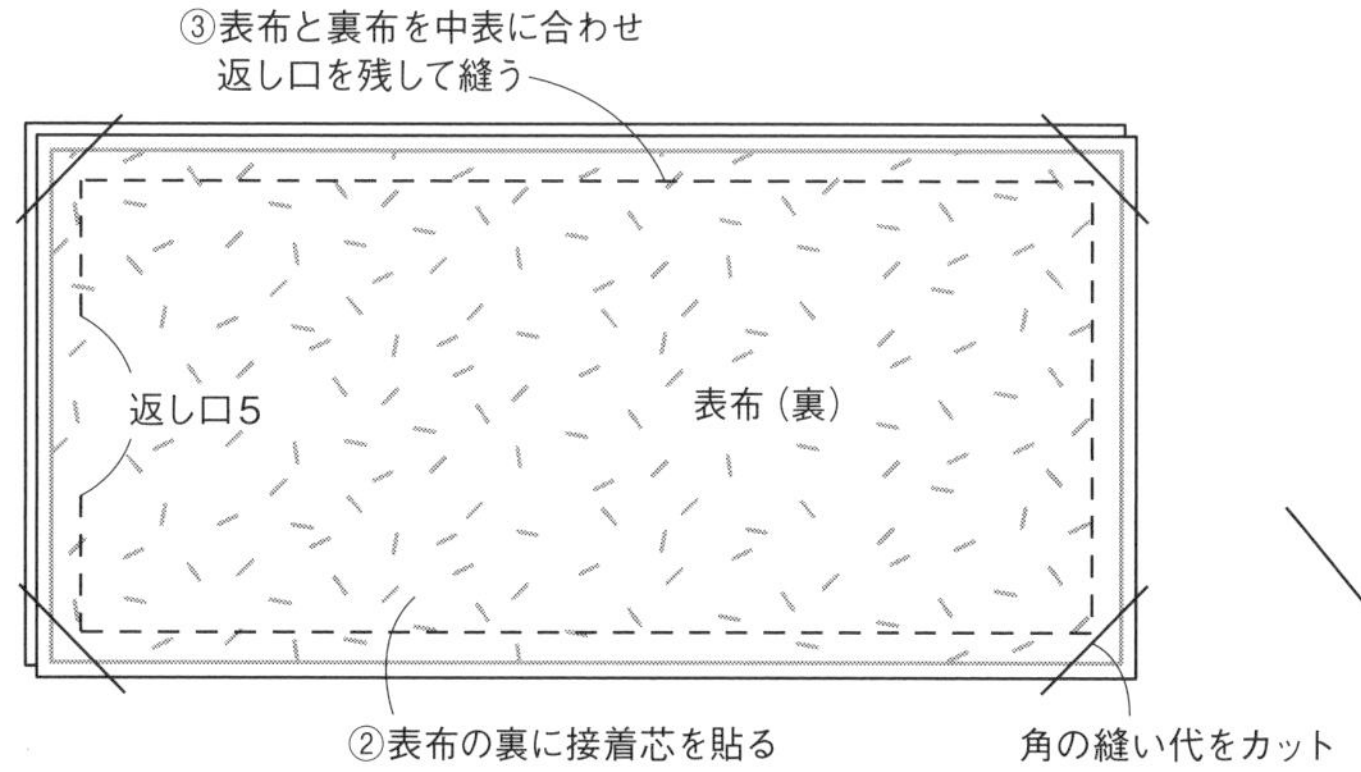

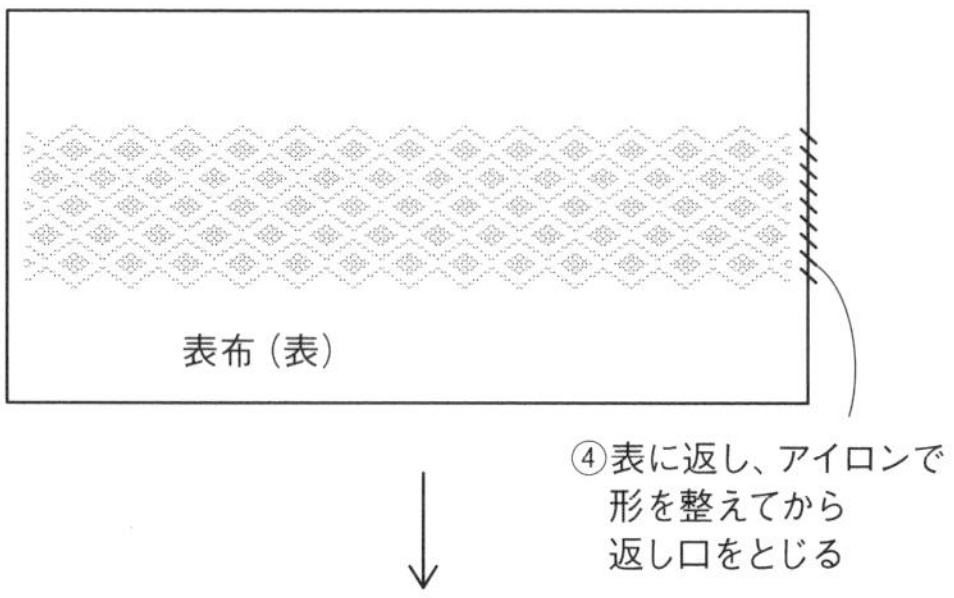

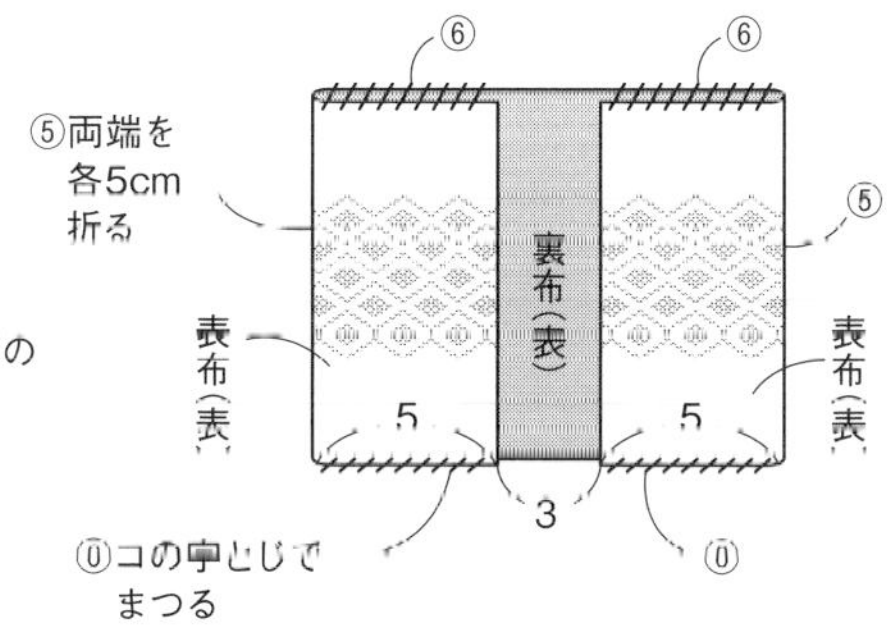

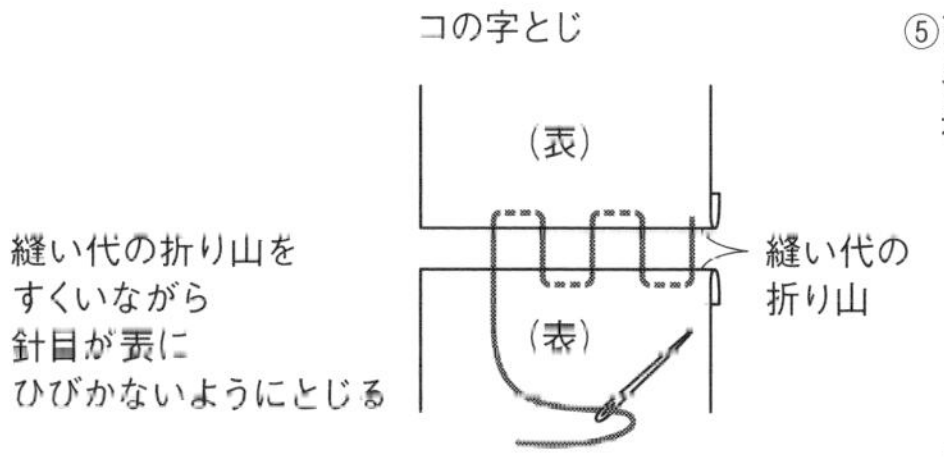

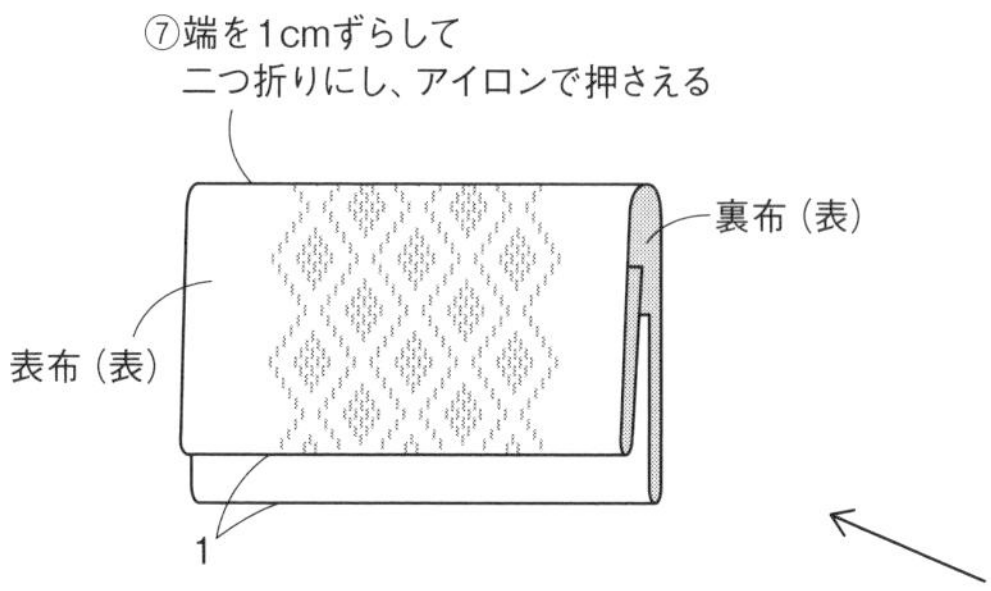

a 菱刺し

中心
刺し子糸2本どり

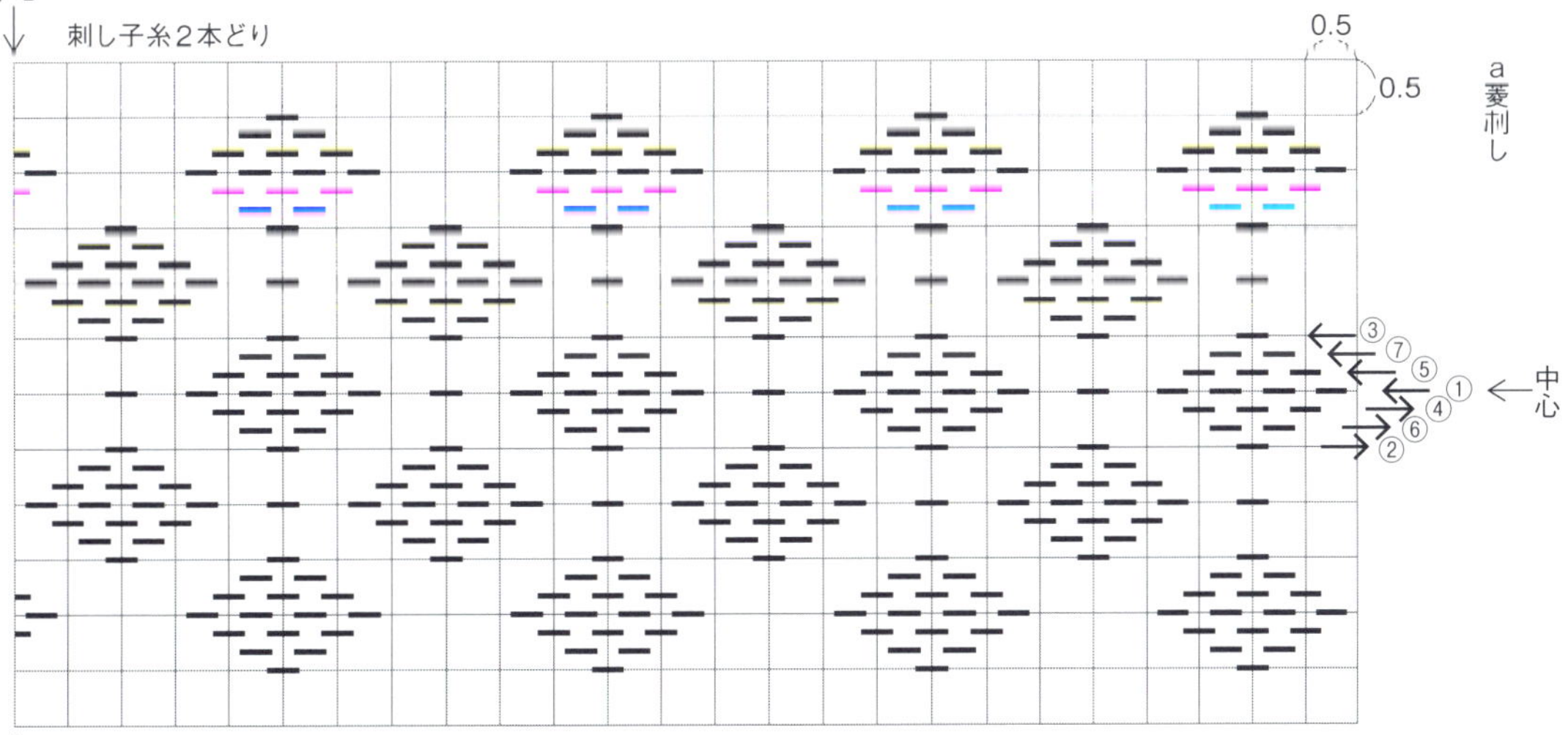

中心

※詳しい刺し方はp.23参照
※針目は3mm

b 流れ菱刺し

中心
刺し子糸1本どり
※0.3cm方眼

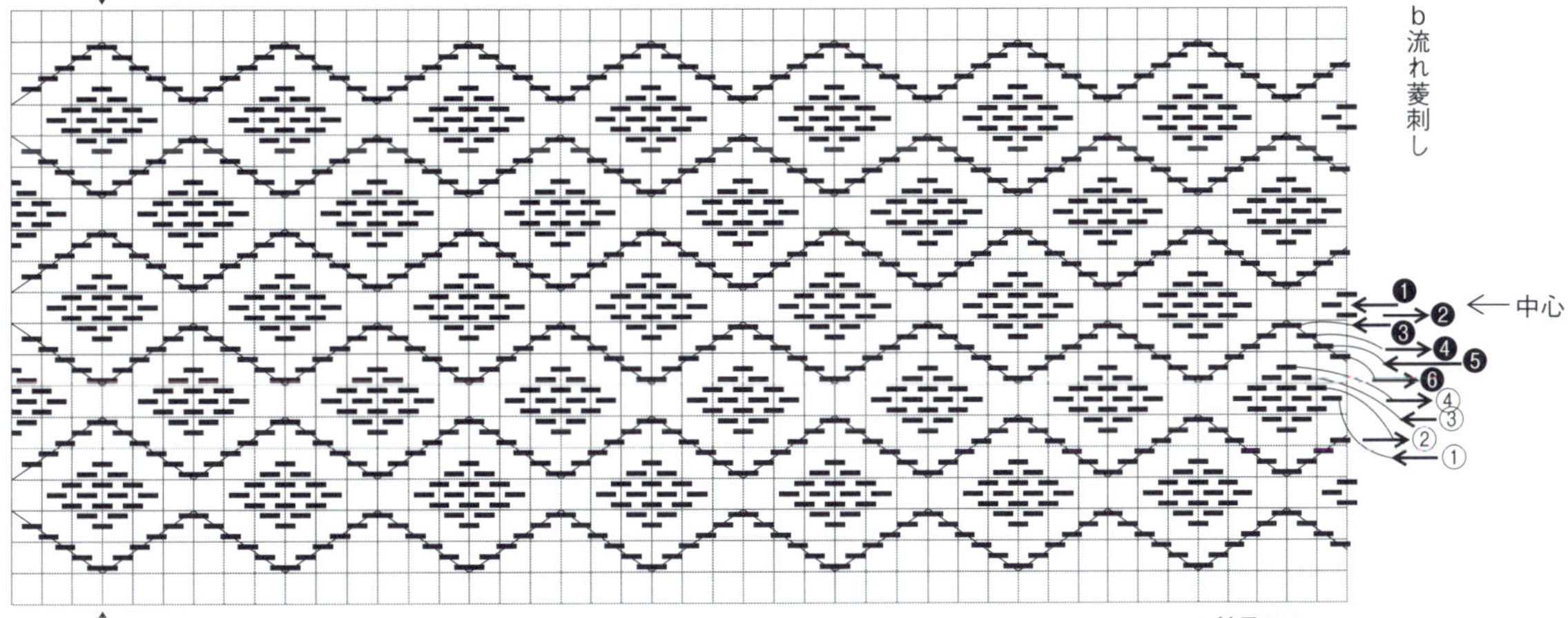

中心

※針目は2mm

※0.5cm方眼で刺すときは
刺し子糸は2本どり

※案内線に沿って横一列に続けて刺す
※先に①～④を刺し、次に❶～❹を刺してから
間を埋めるように❺❻を刺す

ブックカバー

p.11

材料

布…表布　A グレーのリネン　35 × 20㎝

　　　　　B ベージュのリネン　15 × 20㎝

　　裏布　グレーのリネン　35 × 20㎝

糸…ダルマ刺し子糸<細>

　　きなり（2）を柿渋染め（鉄媒染）にして使用／1 本どり

リネンテープ（1.3㎝幅）…18㎝

でき上がりサイズ

約縦 16 × 横 11.5㎝

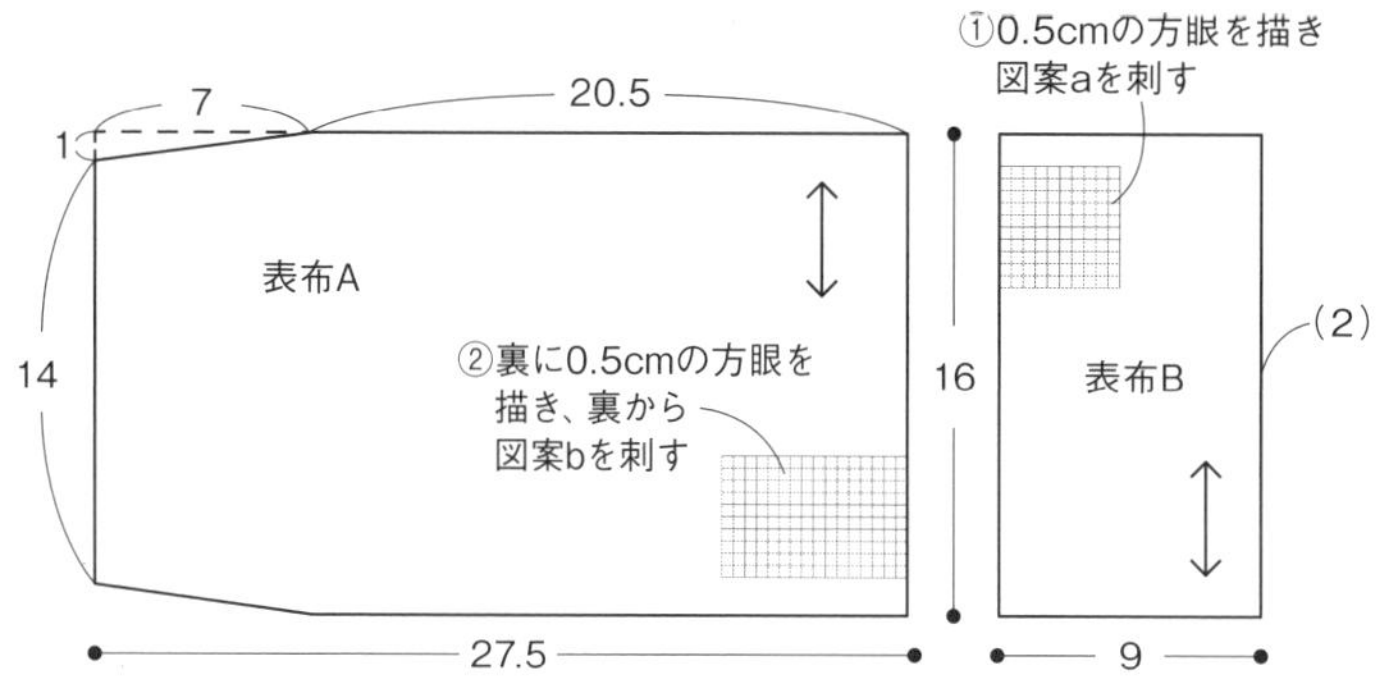

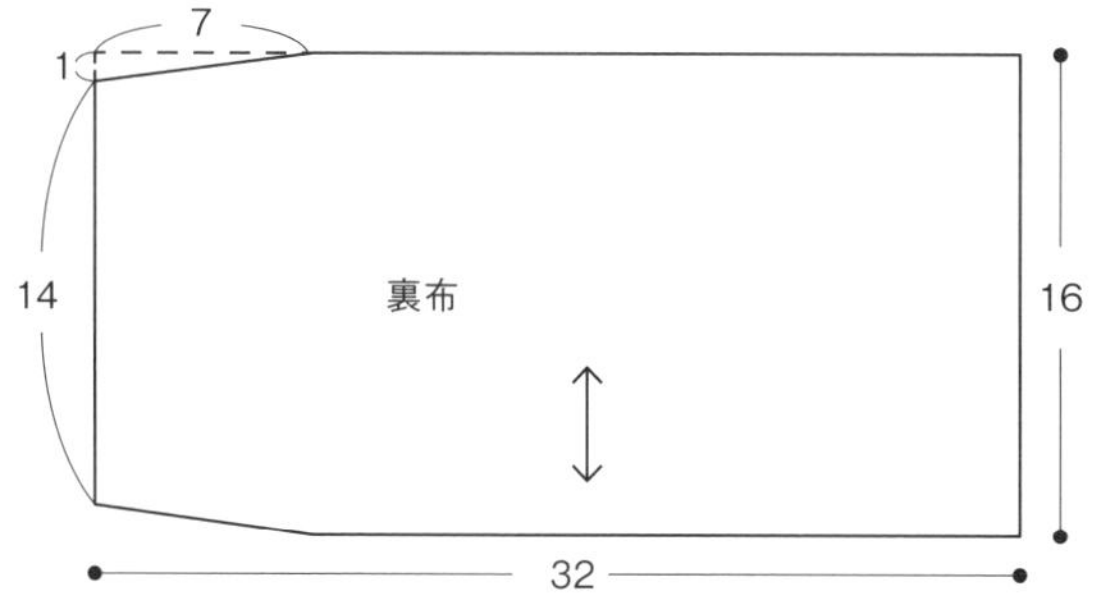

※指定以外
　縫い代
　1cmつけて裁つ
※（　）内の数字は
　縫い代

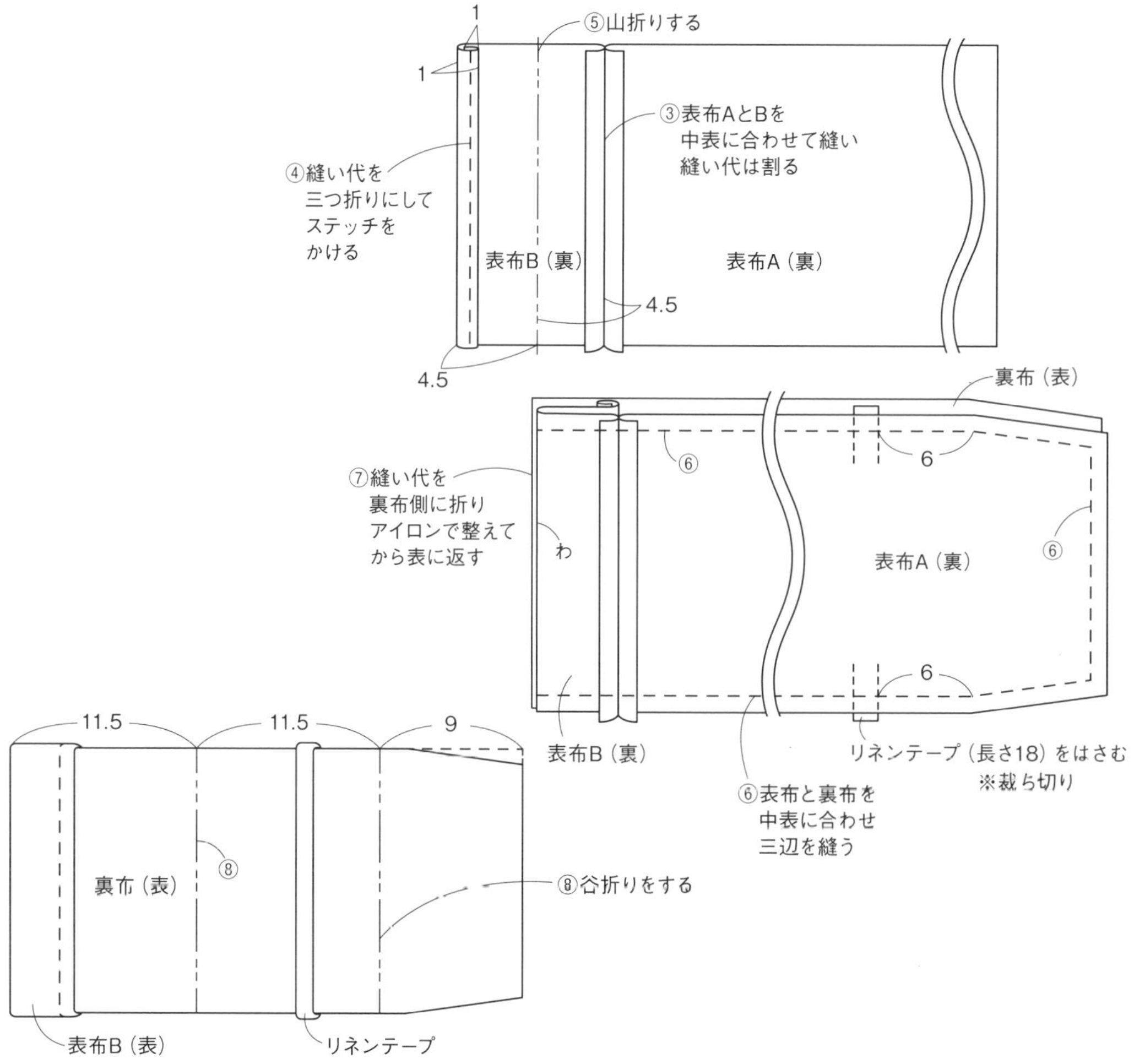

枡形刺し

図案a

刺し子糸1本どり

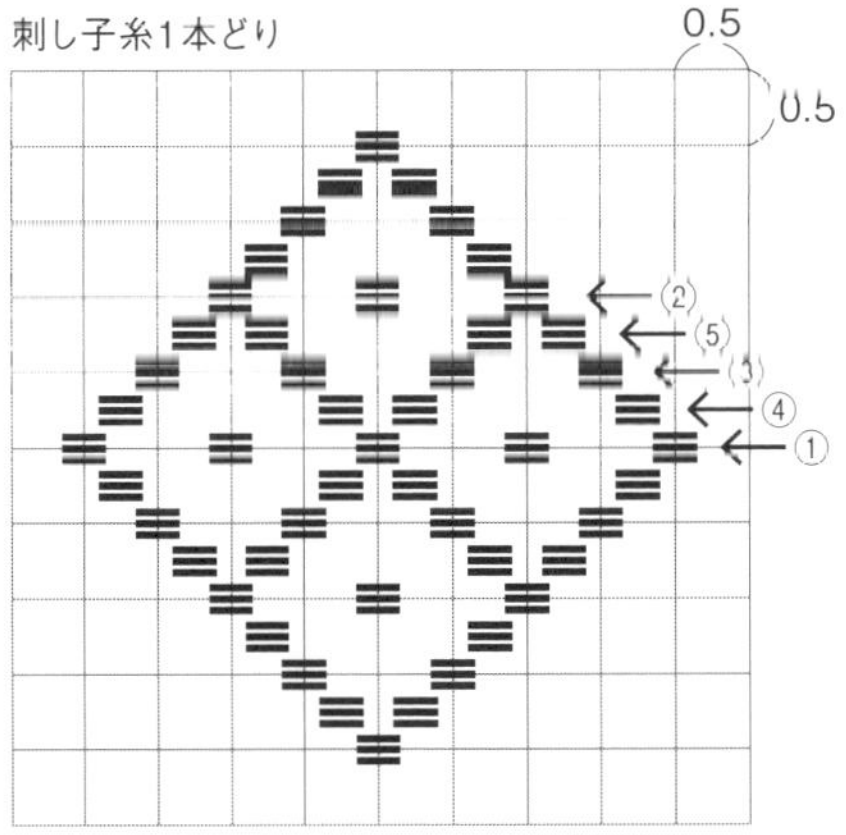

※同じ長さの針目で3本ずつ
横刺しをしながら
①〜⑤の順に刺す

※針目は3mm

図案b

刺し子糸1本どり

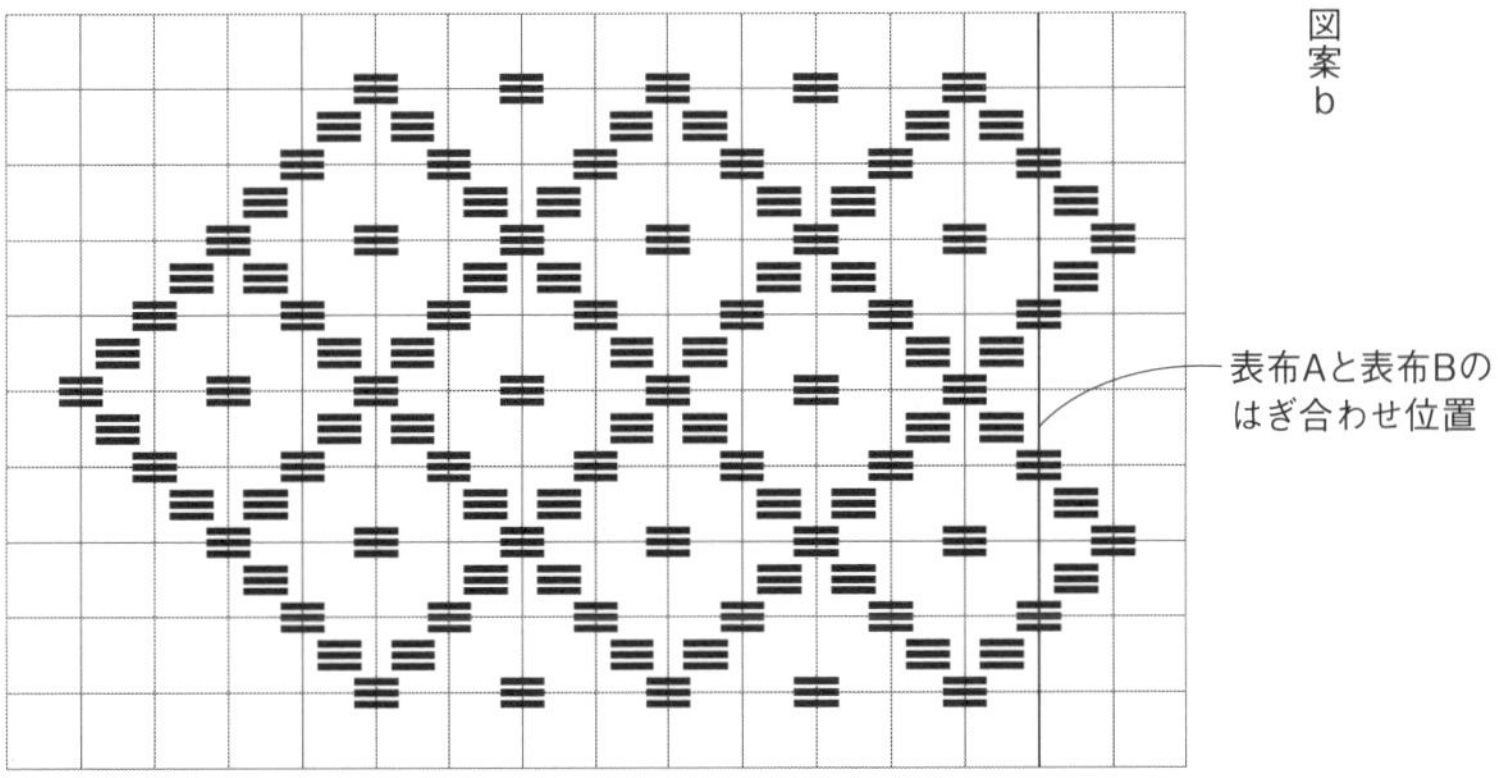

※布の裏に方眼を描き
裏から刺す

※針目は3mm

袱紗《ふくさ》サコッシュ

p.13

材料

布…表布　好みの端切れ
A15×20cm、B25×45cm、C10×15cm、D25×15cm
裏布　藍染めの木綿　35×35cm
捨て布　35×35cm
肩ひも・角カンひも
B5×55cm、C5×75cm
糸…好みの色の刺し子糸／各2本どり
1.5cm幅角かん・送りかん…各1個

でき上がりサイズ（本体）

約縦15×横19cm

※表布は指定以外縫い代1cmつけて裁つ
※(　)内の数字は縫い代
※裏布と捨て布は同寸の一枚布で裁つ
※刺し子をすると縫い縮みするので、表布は外側のみ縫い代1.5cmつけて裁ち、刺し子後に再度印をつけて縫い代を1cmに切りそろえる

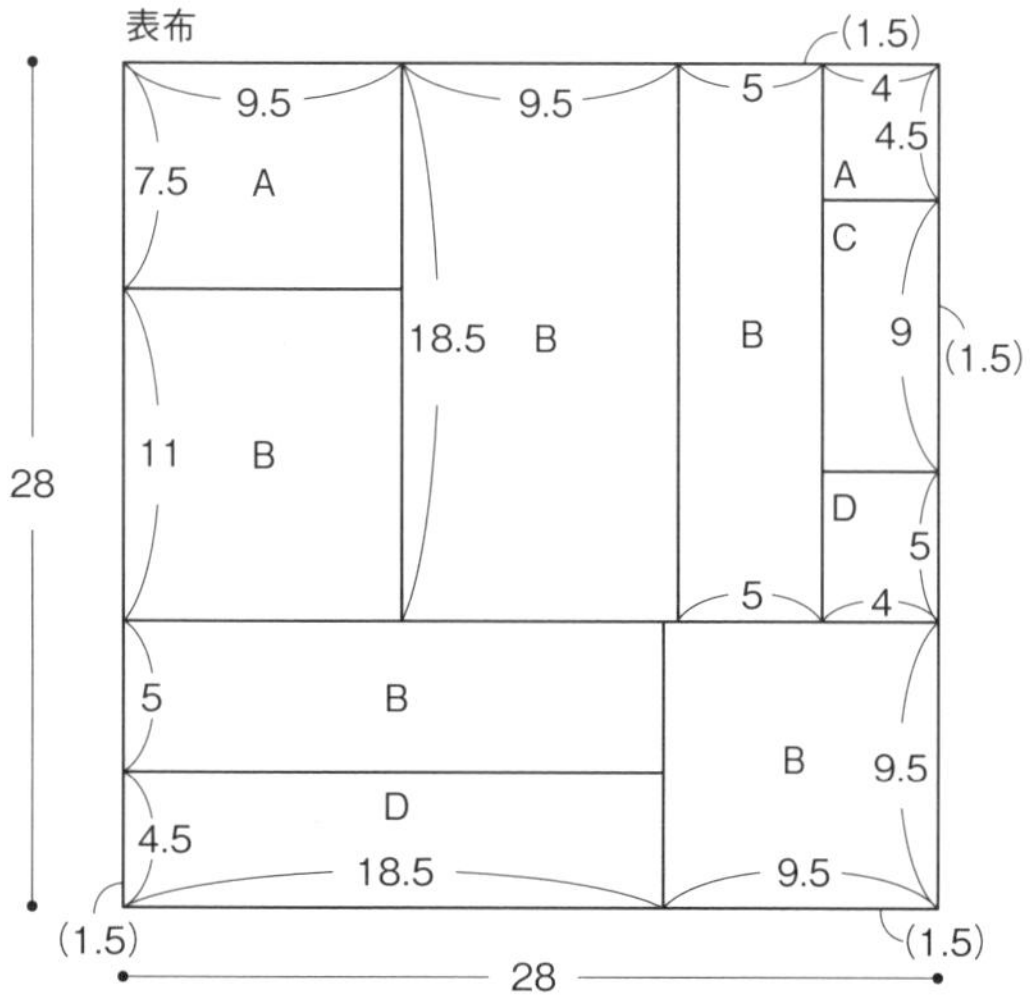

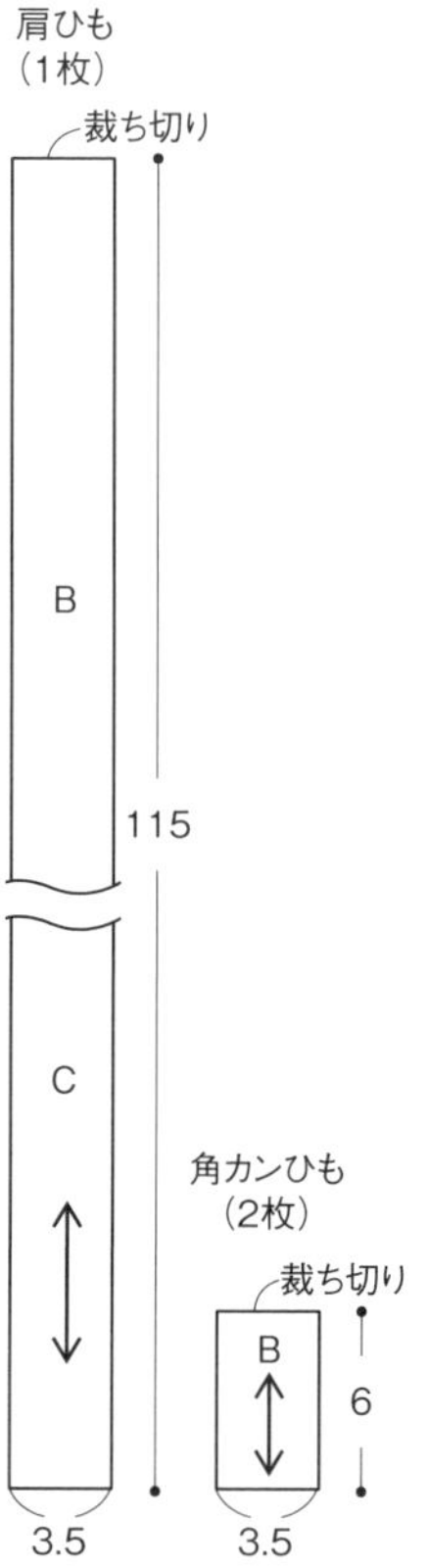

※肩ひもはBとCを縫いつなぎ長さ115cmにする

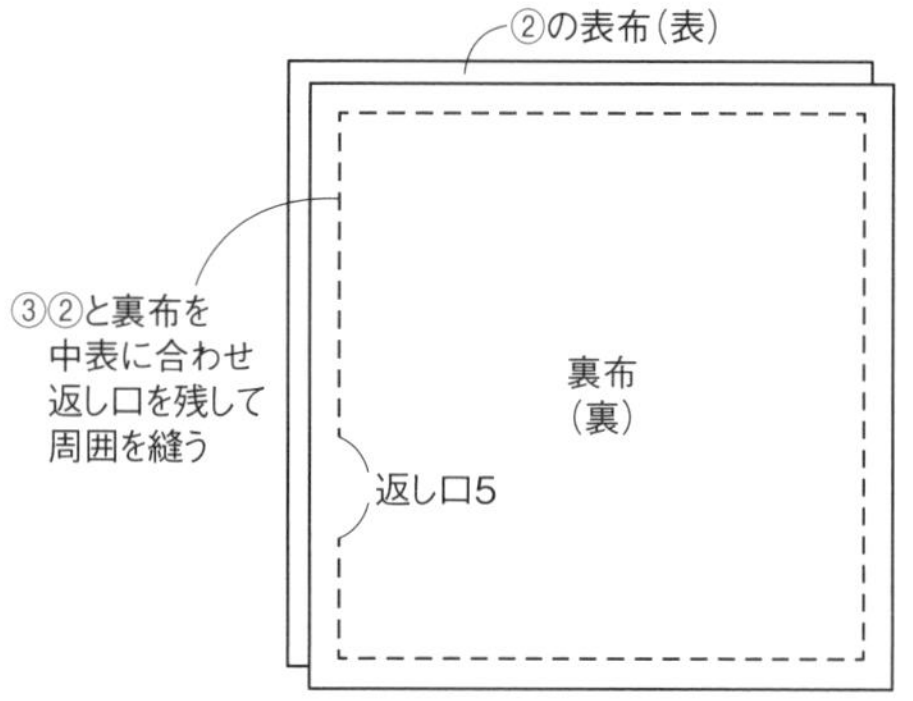

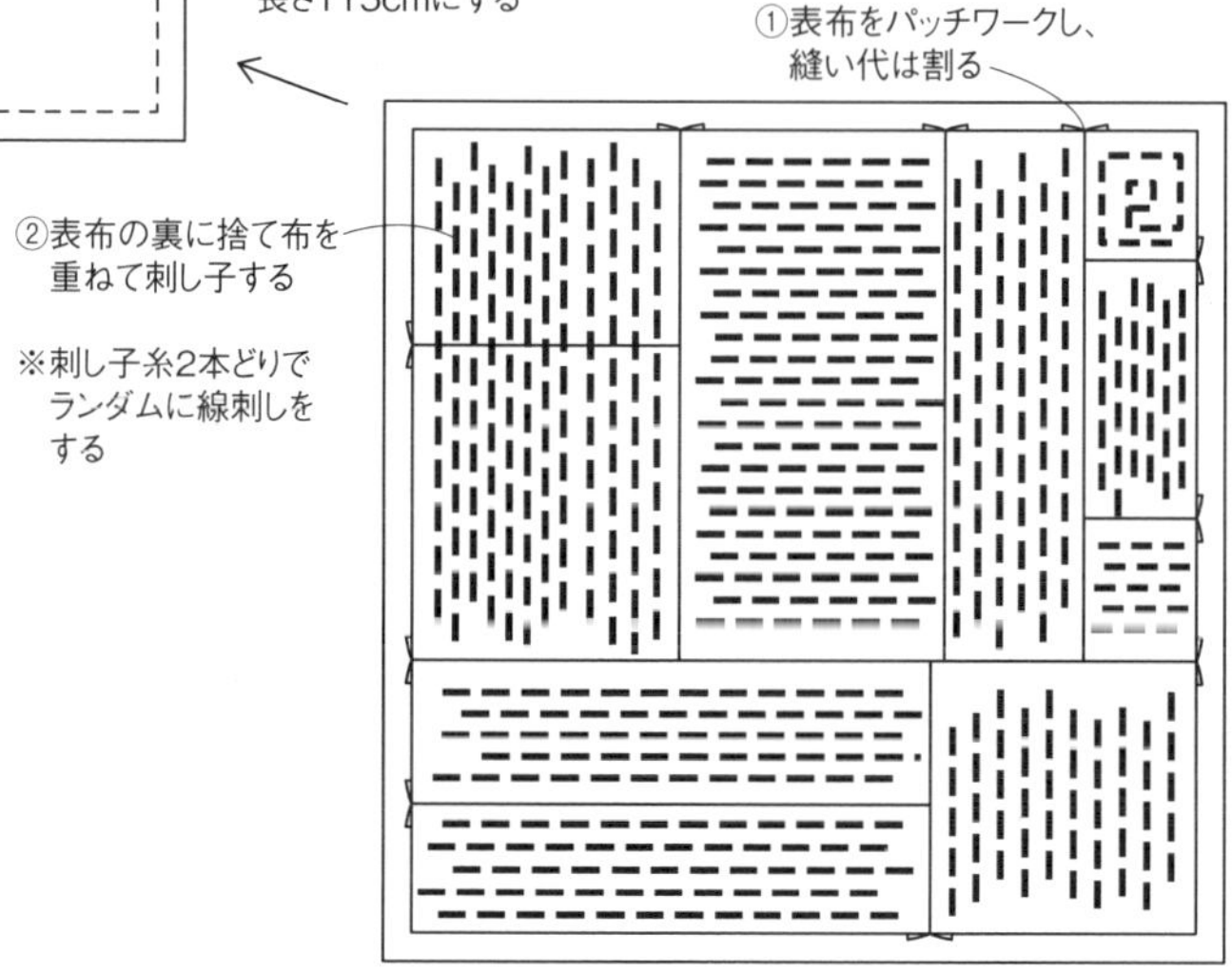

※刺し子糸2本どりでランダムに線刺しをする

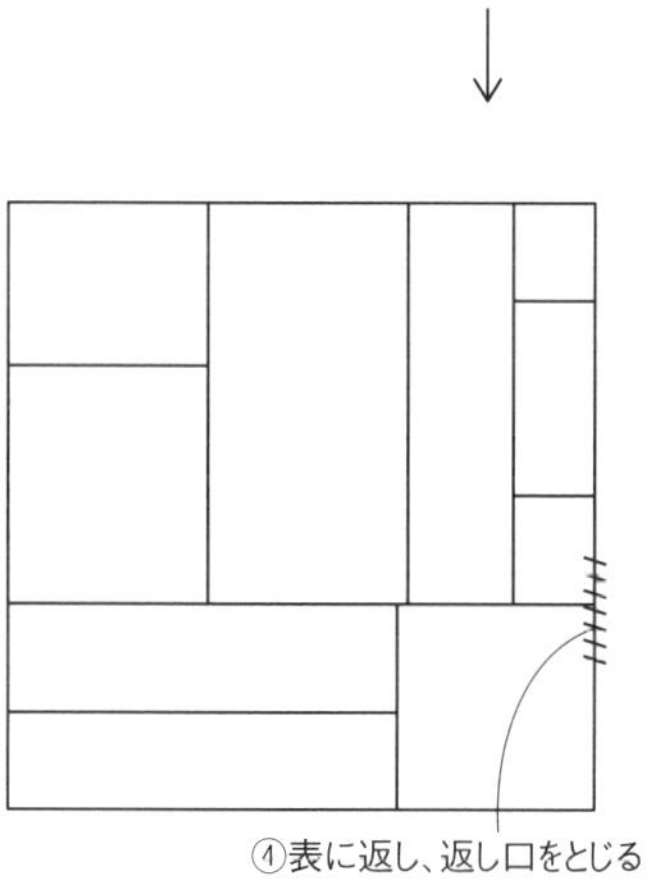

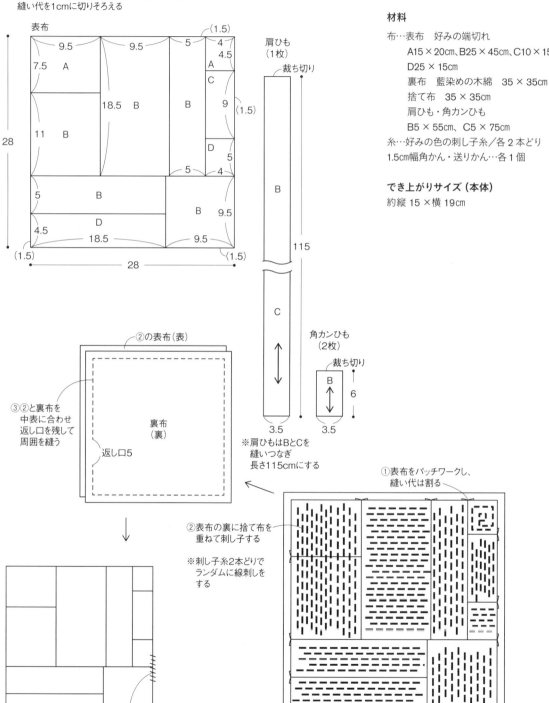

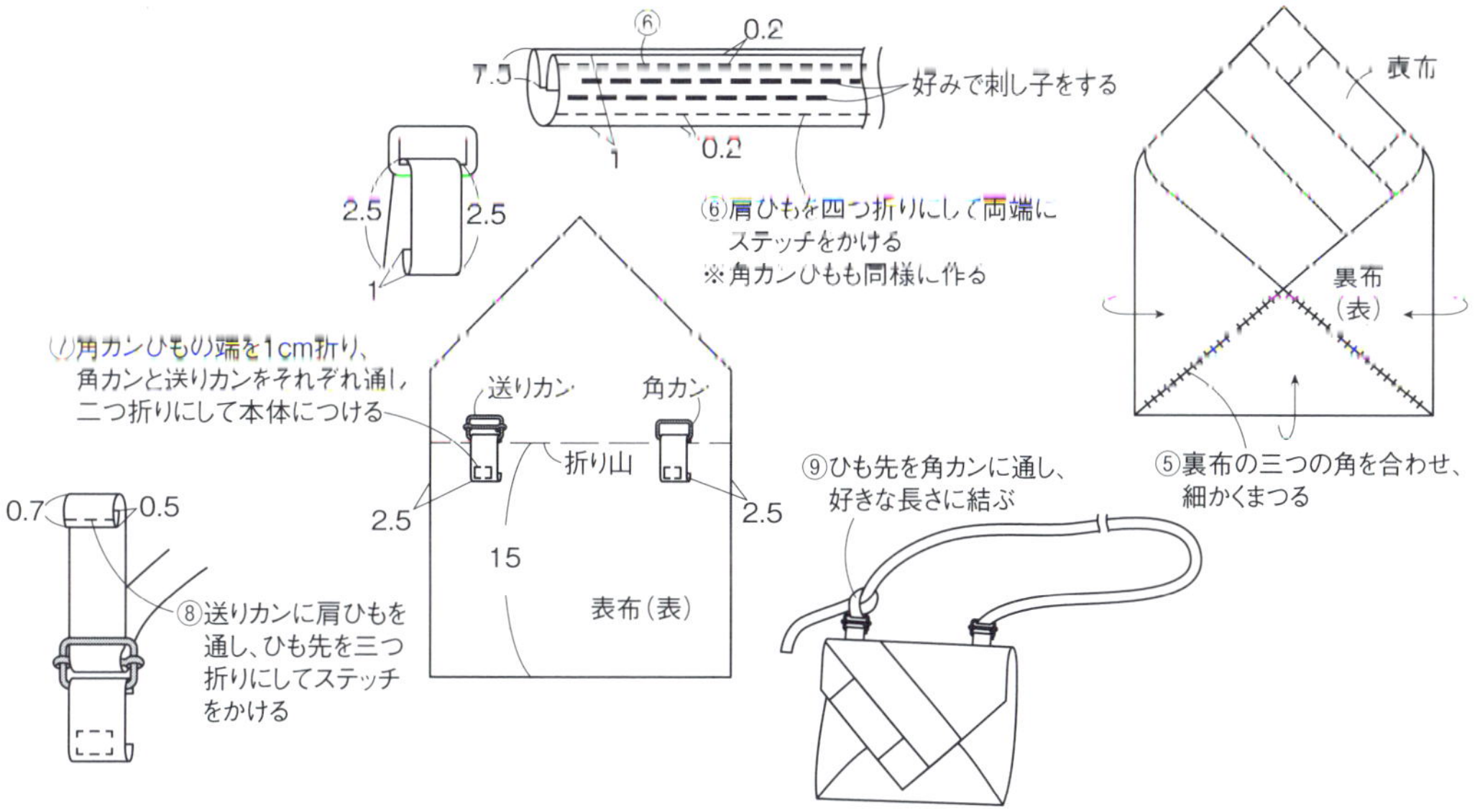

おにぎり包み

p.18

材料

布…A　藍染めの木綿　60×60㎝
　好みの端切れ　B10×10㎝、C10×25㎝、D10×10㎝、E10×25㎝
糸…ダルマ刺し子糸<合太>
　きなり（2）／2本どり
　絹糸（赤）／1本どり

でき上がりサイズ

約縦54×横54㎝

※指定以外縫い代1cmつけて裁つ
※（　）内の数字は縫い代

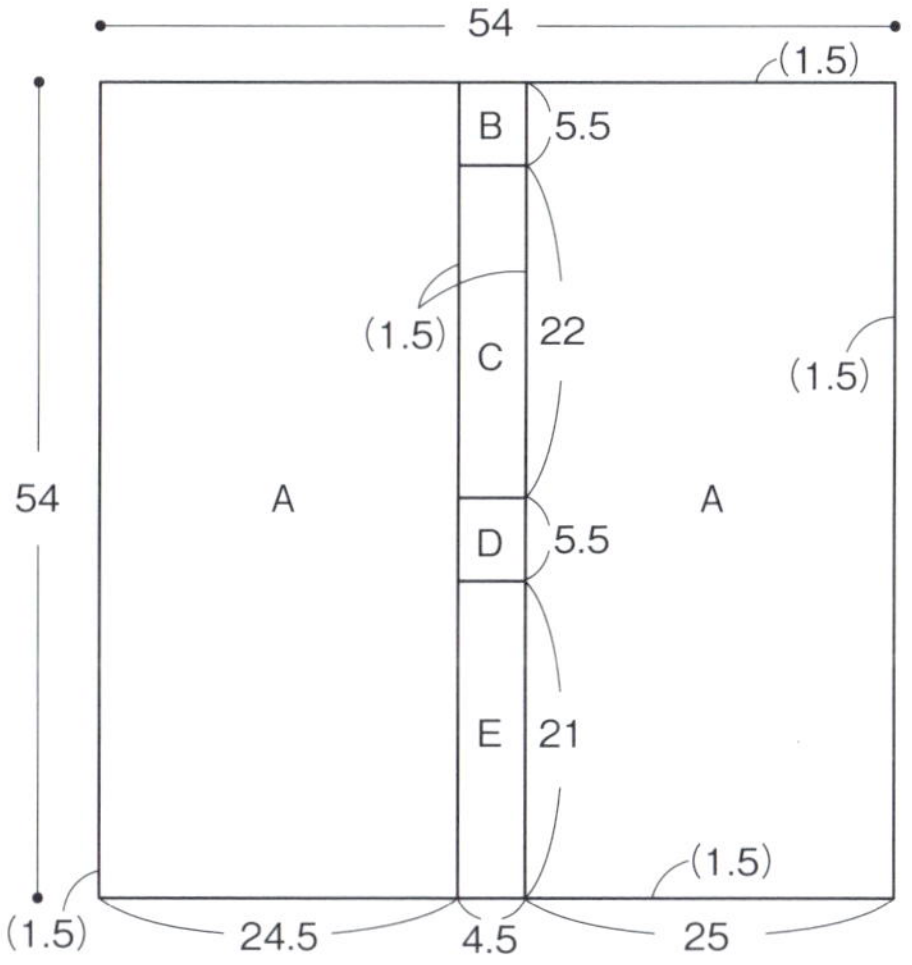

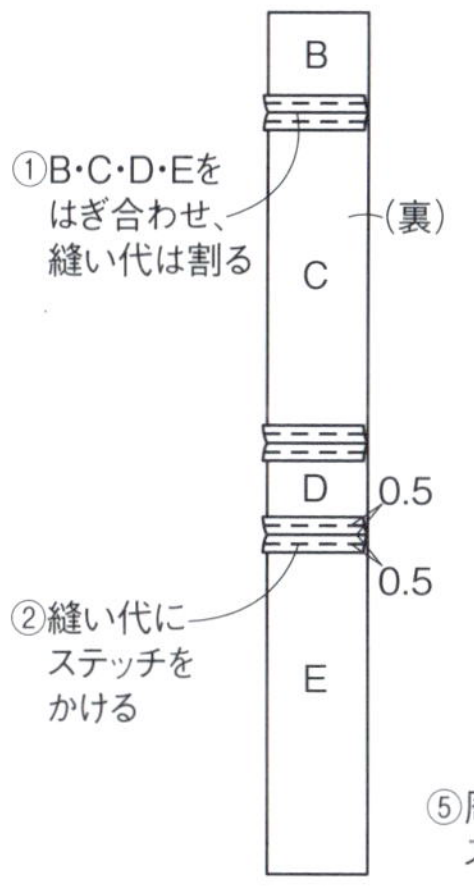

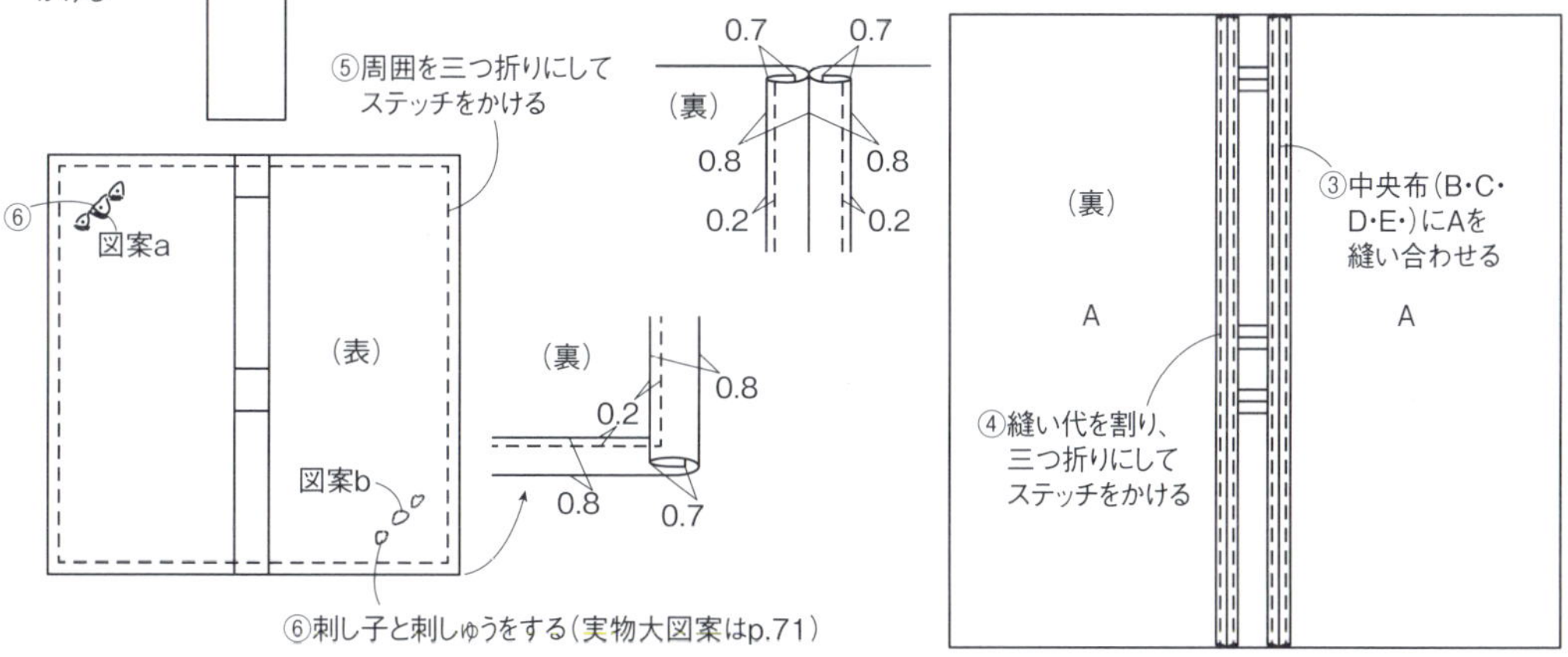

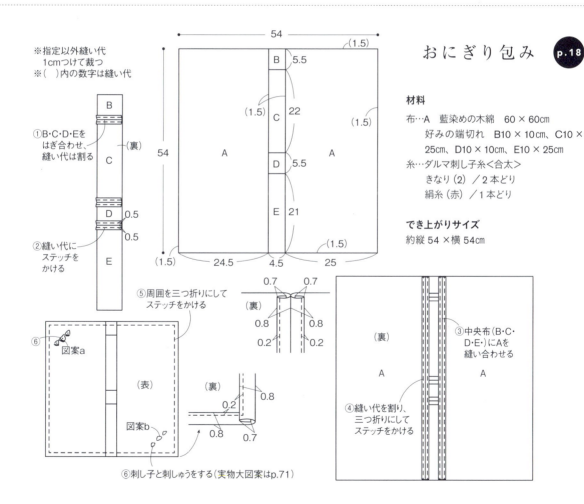

地刺しのポーチ

p.14

材料

布…表布　藍染めの木綿　30 × 35㎝
　　裏布　ベージュのリネン 30 × 35㎝
糸…ダルマ刺し子糸<細>
　　きなり（2）を藍染めにして使用
　　／2 本どり
20㎝丈ファスナー…紺　1 本

でき上がりサイズ

約縦 8 ×横 14㎝、まち幅約 8㎝

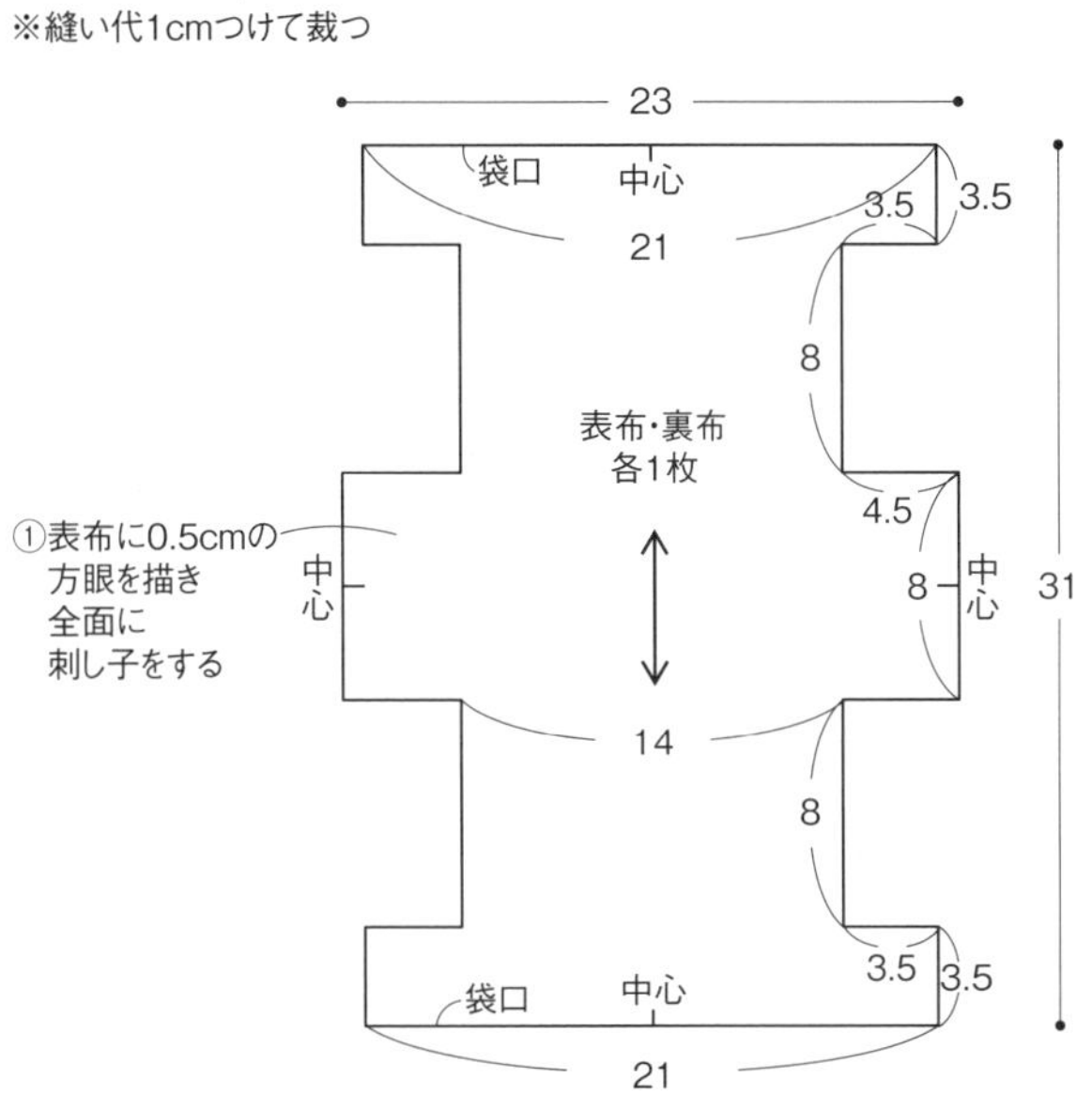

※縫い代1cmつけて裁つ
23
袋口
中心
3.5
3.5
21
8
表布・裏布
各1枚
①表布に0.5cmの
方眼を描き
全面に
刺し子をする
中心
4.5
8
中心
31
14
8
3.5
3.5
袋口
中心
21

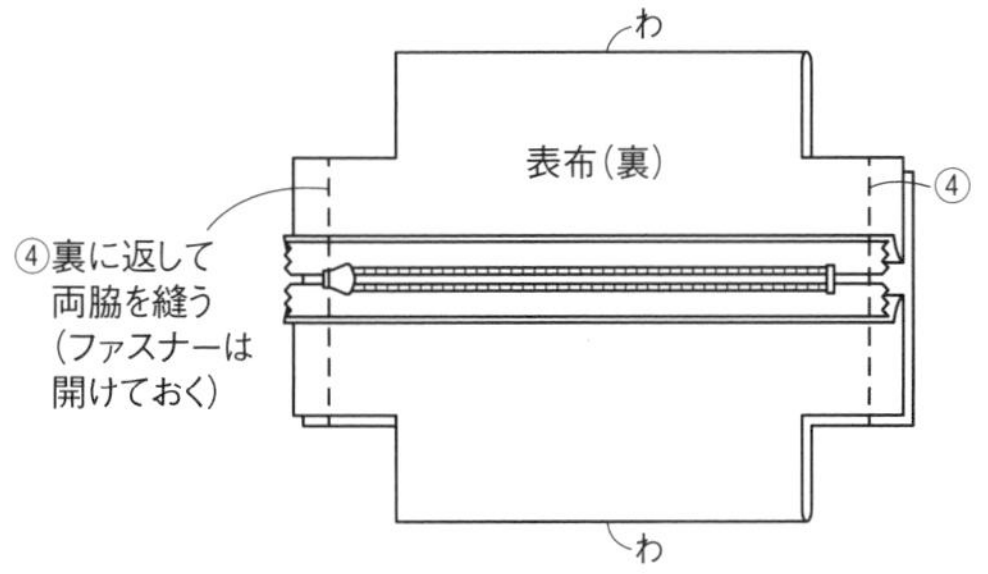

わ
表布（裏）
④
④裏に返して
両脇を縫う
（ファスナーは
開けておく）
わ

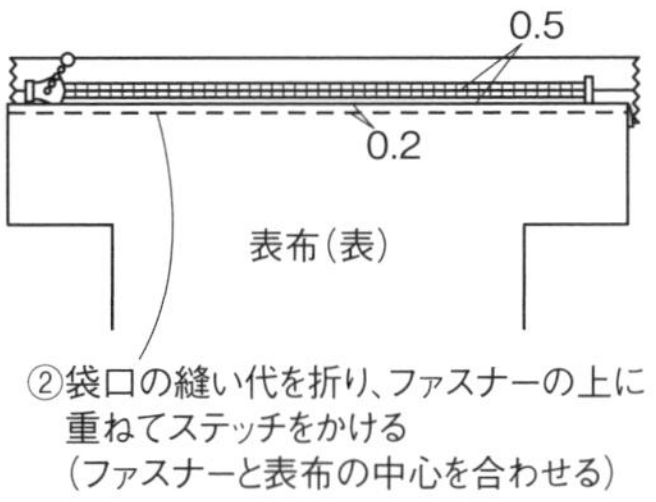

0.5
0.2
表布（表）
②袋口の縫い代を折り、ファスナーの上に
重ねてステッチをかける
（ファスナーと表布の中心を合わせる）

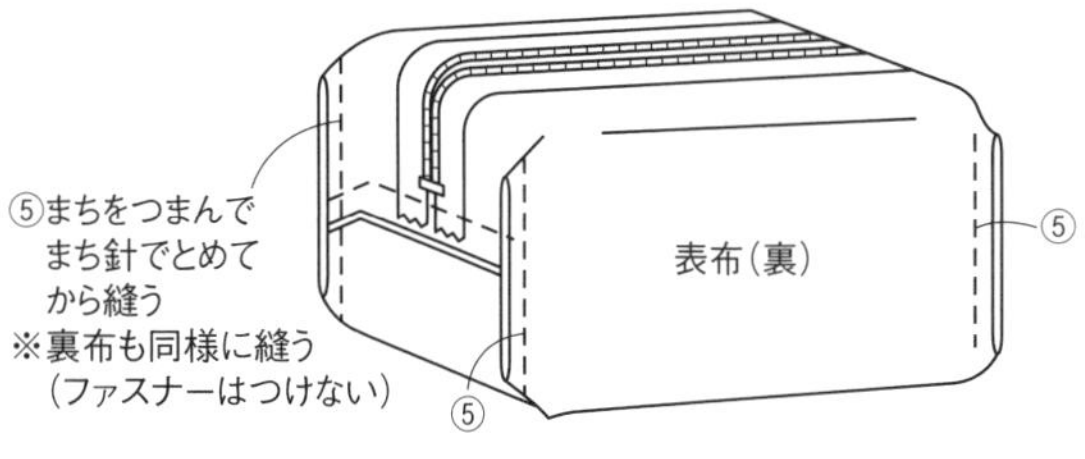

⑤まちをつまんで
まち針でとめて
から縫う
※裏布も同様に縫う
（ファスナーはつけない）
表布（裏）
⑤
⑤

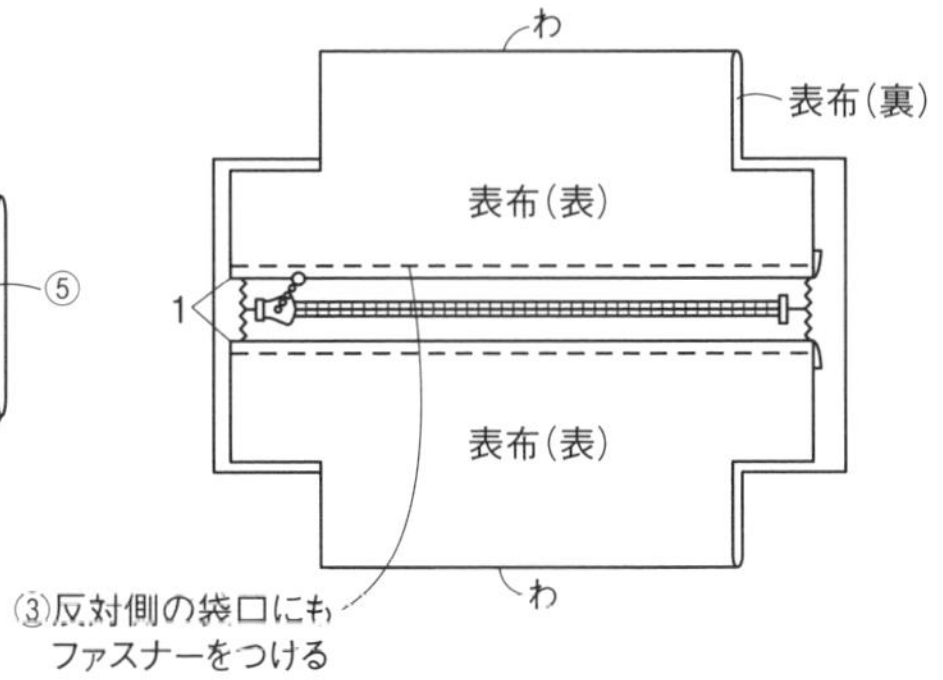

わ
表布（裏）
表布（表）
1
表布（表）
わ
③反対側の袋口にも
ファスナーをつける

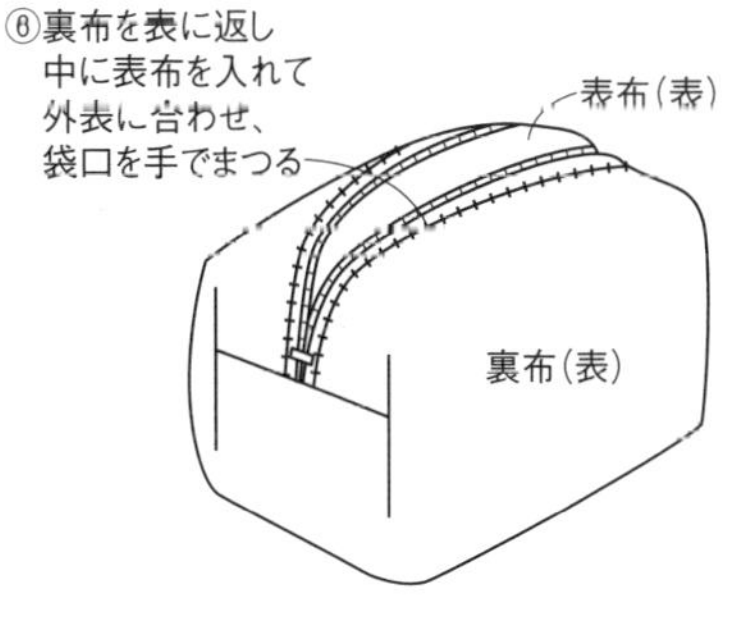

⑥裏布を表に返し
中に表布を入れて
外表に合わせ、
袋口を手でまつる
表布（表）
裏布（表）

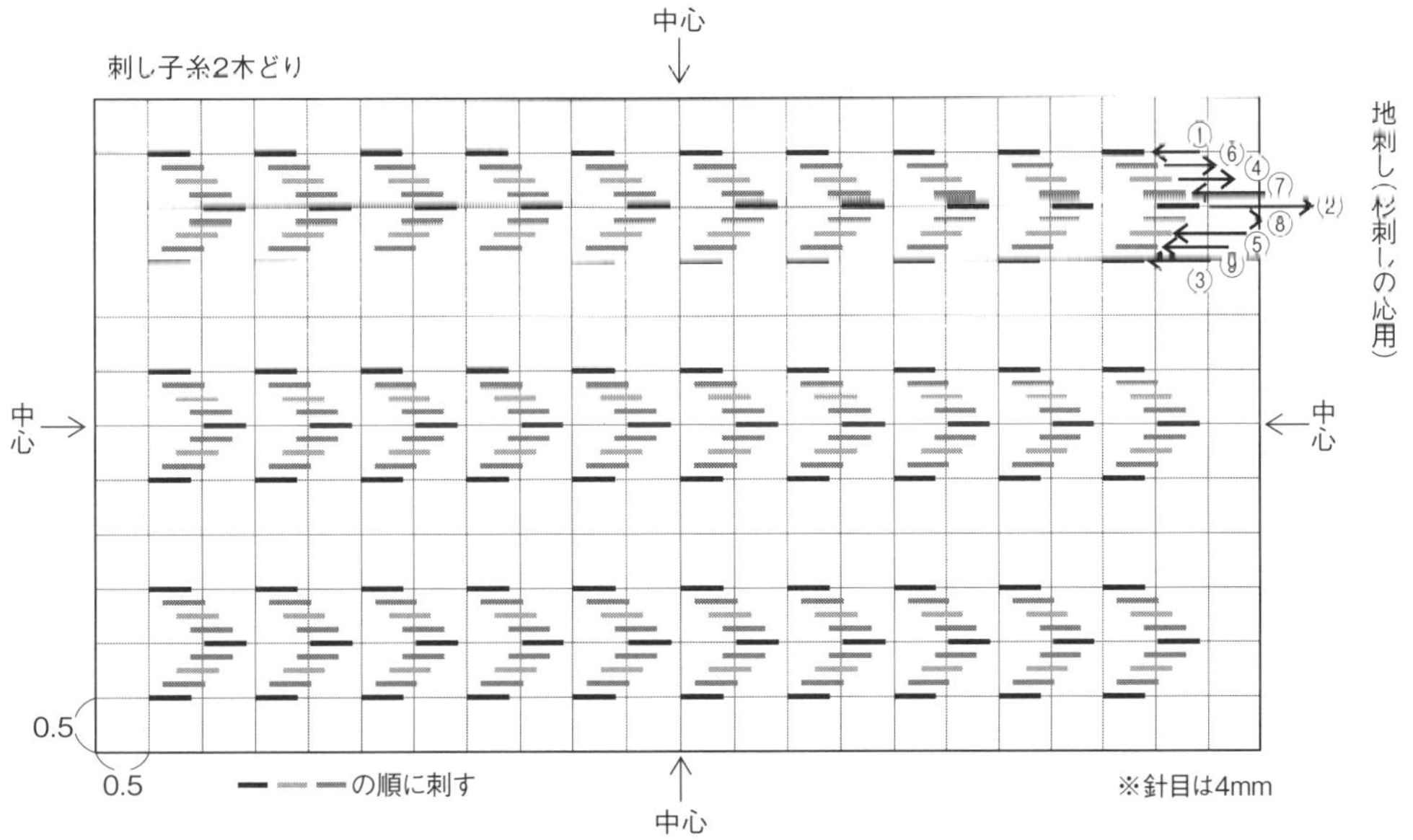

ボロ巾着

p.21

※縫い代1cmつけて裁つ
※裏布は同寸の一枚布で2枚裁つ

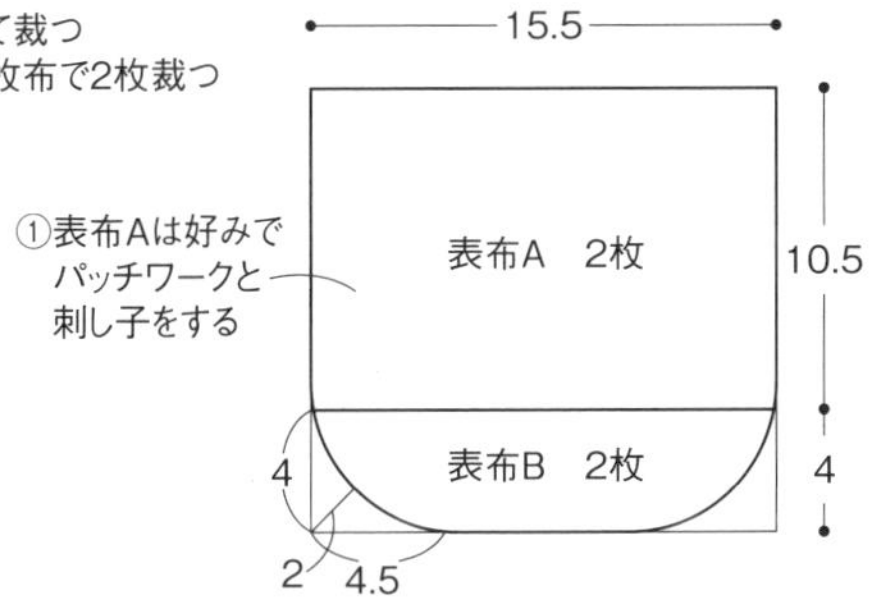

材料

布…表布　好みの端切れ　適宜
　　裏布　柿渋染めの木綿　各 40 × 40㎝
糸…好みの刺し子糸／各 1 本どり
丸ひも (直径 0.2㎝) …70㎝

でき上がりサイズ

各約縦 14.5 ×横 15.5㎝

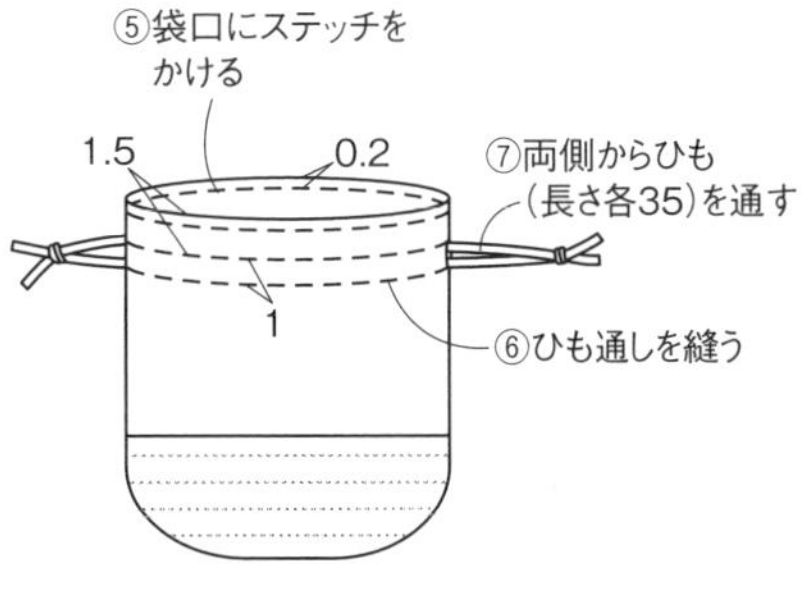

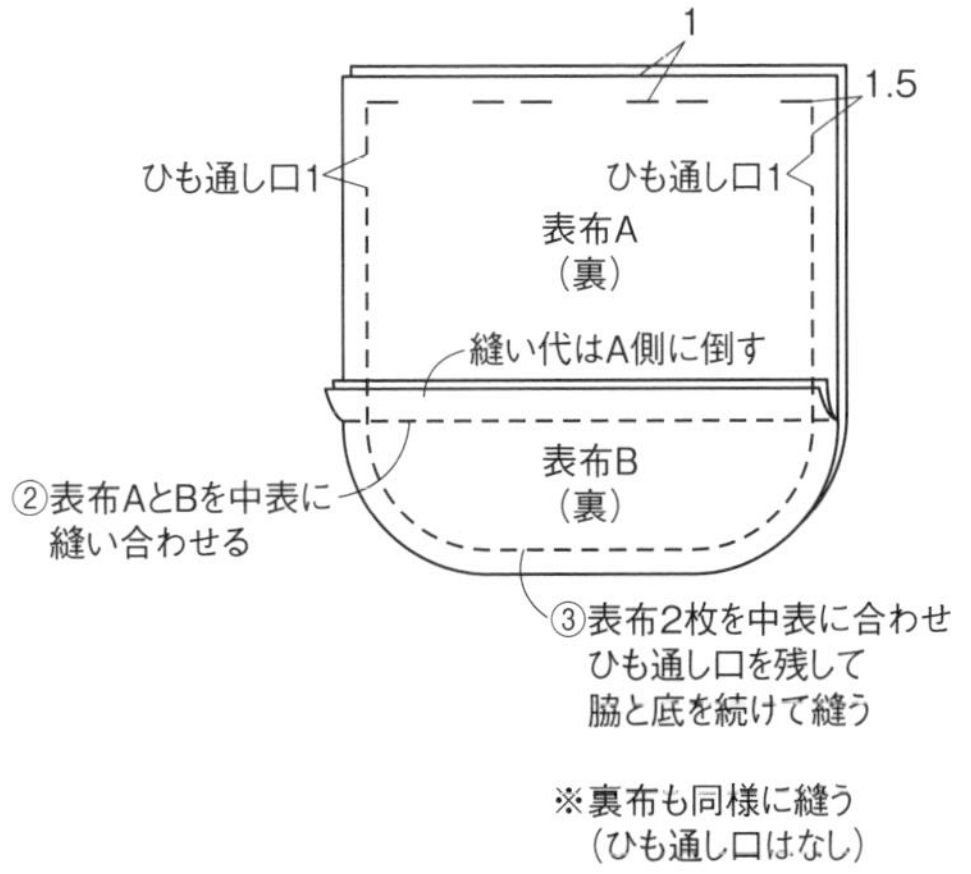

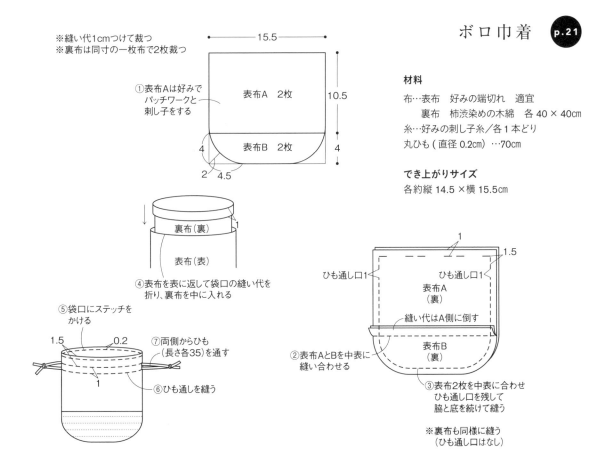

ぽってり巾着

p.15

材料

布…表布　a・b 生成りの木綿
　各 25 × 35㎝
　裏布
　a・b ベージュのリネン各 25 × 35㎝
　ひも通し
　a ベージュのリネン 25 × 15㎝
　b グレーのリネン 25 × 15㎝
糸…a 本舗 飛騨さしこ
　赤（45）／ 2 本どり
　b ダルマ刺し子糸<細>
　きなり（2）を柿渋染め（鉄媒染）にして使用／ 2 本どり
麻ひも（直径 0.2㎝）…1m

でき上がりサイズ

a 約縦 15.5 ×横 12㎝、まち幅約 8㎝
b 約縦 21 ×横 12㎝、まち幅約 8㎝

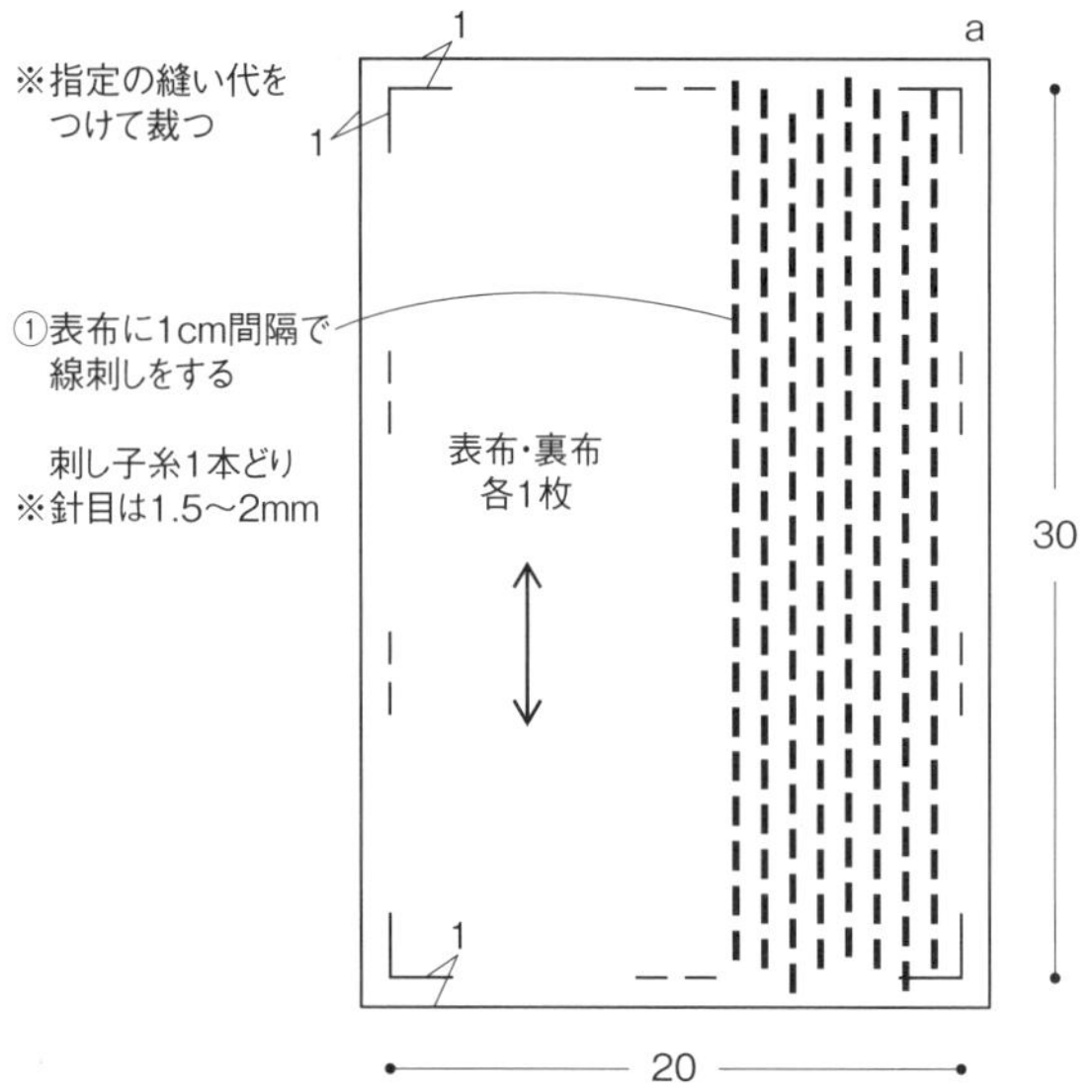

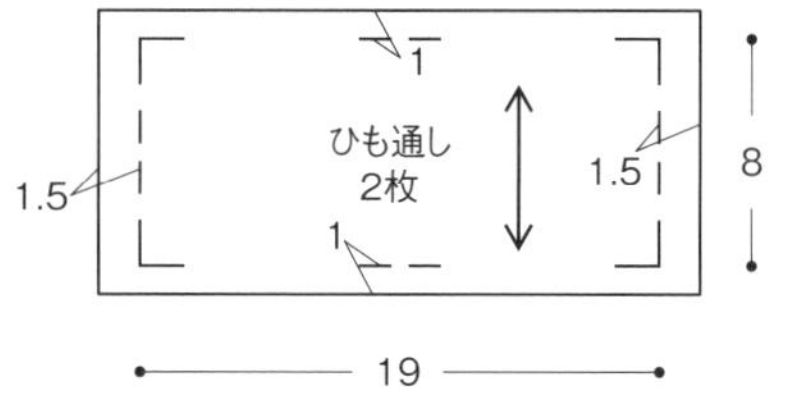

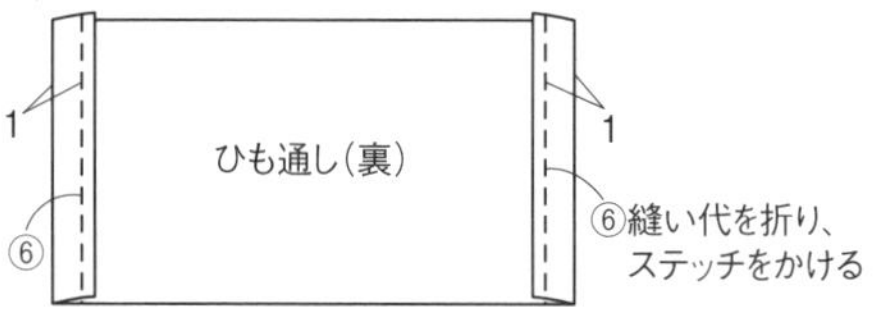

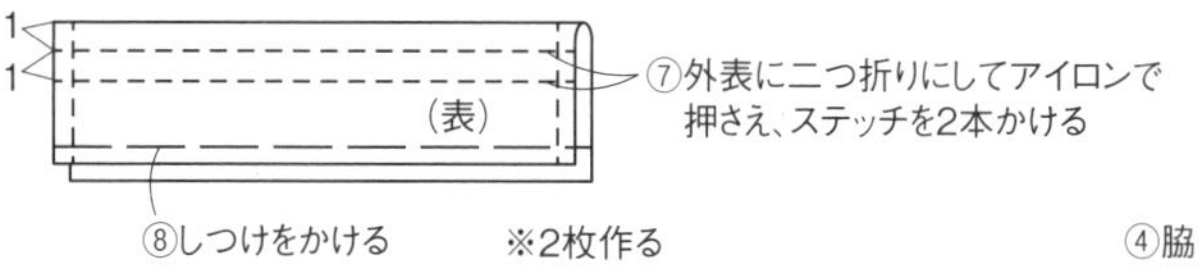

※2枚作る

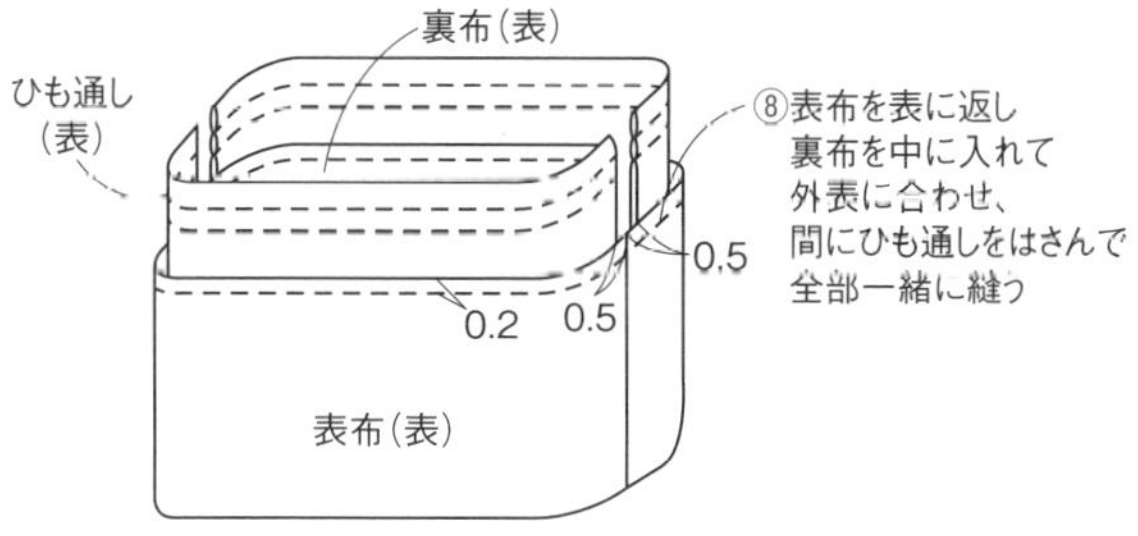

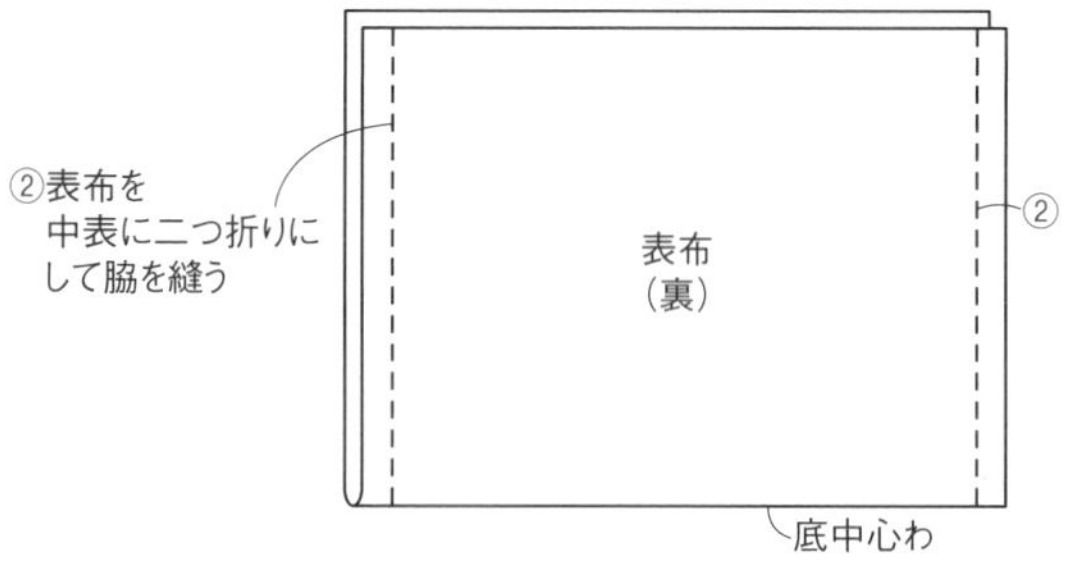

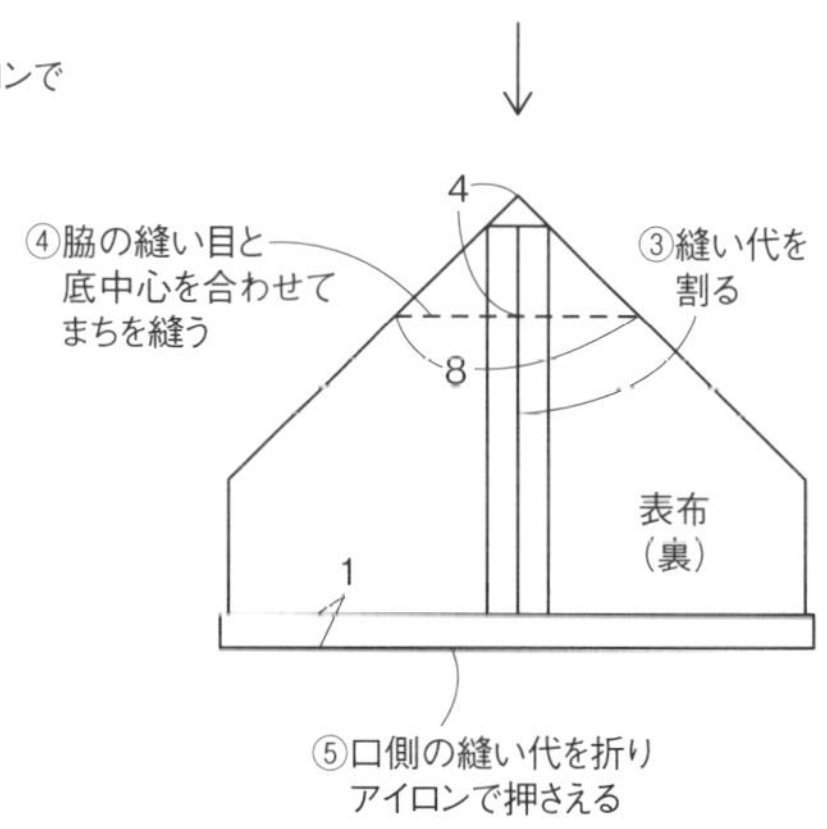

※裏布も同様に縫う

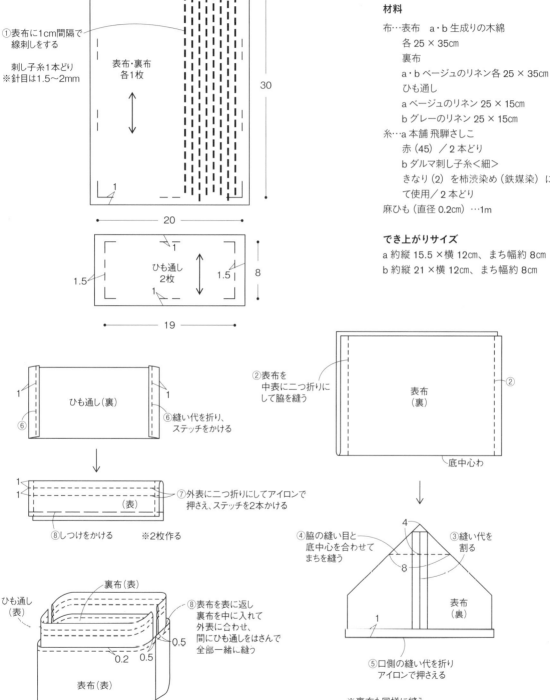

b

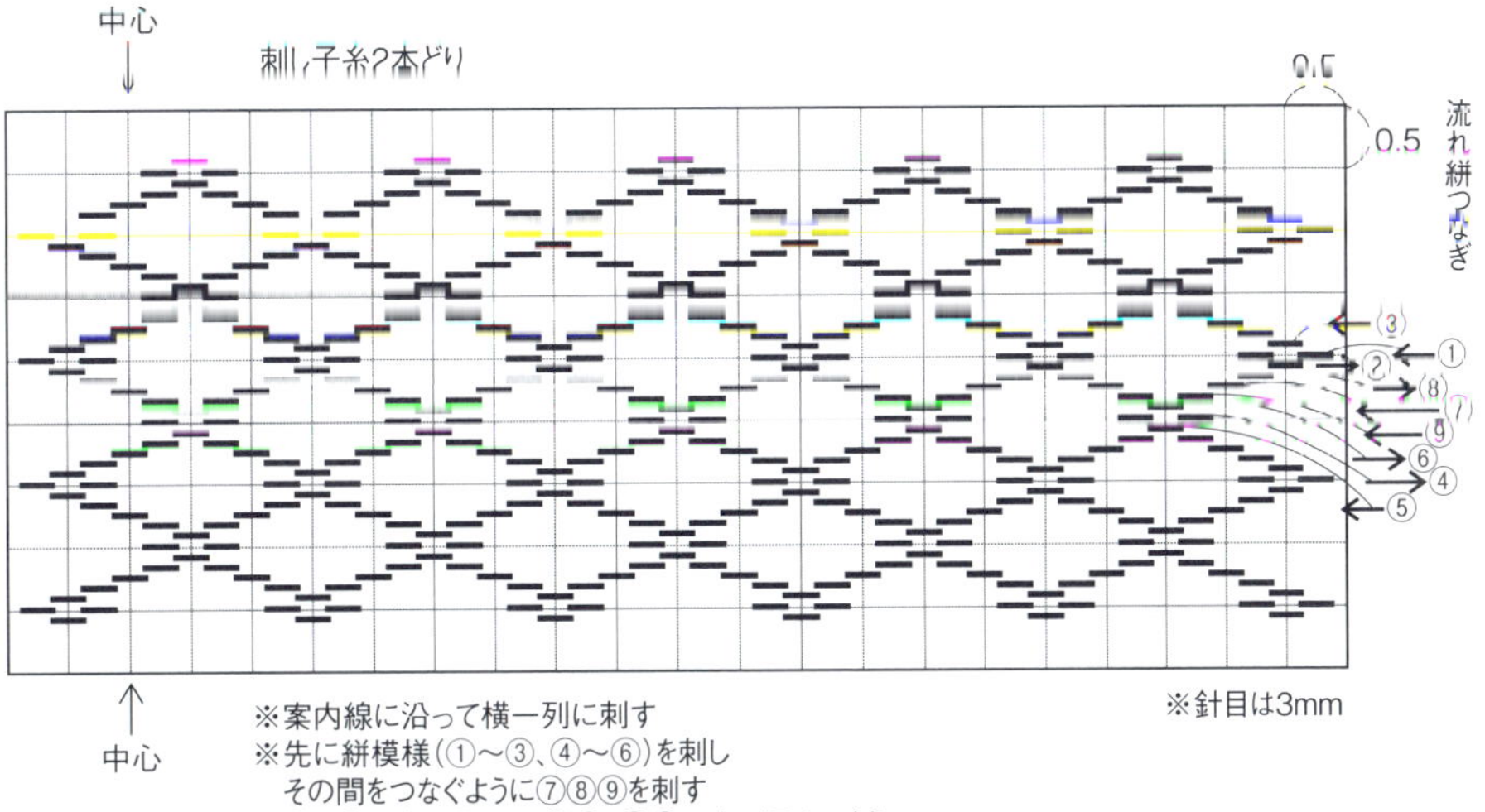

※案内線に沿って横一列に刺す
※先に絣模様（①～③、④～⑥）を刺し
その間をつなぐように⑦⑧⑨を刺す
※①と④は少し長めに、②③、⑤⑥は少し短めに刺し
横長の模様になるよう意識する

※針目は3mm

※指定の縫い代をつけて裁つ

※作り方はaを参照

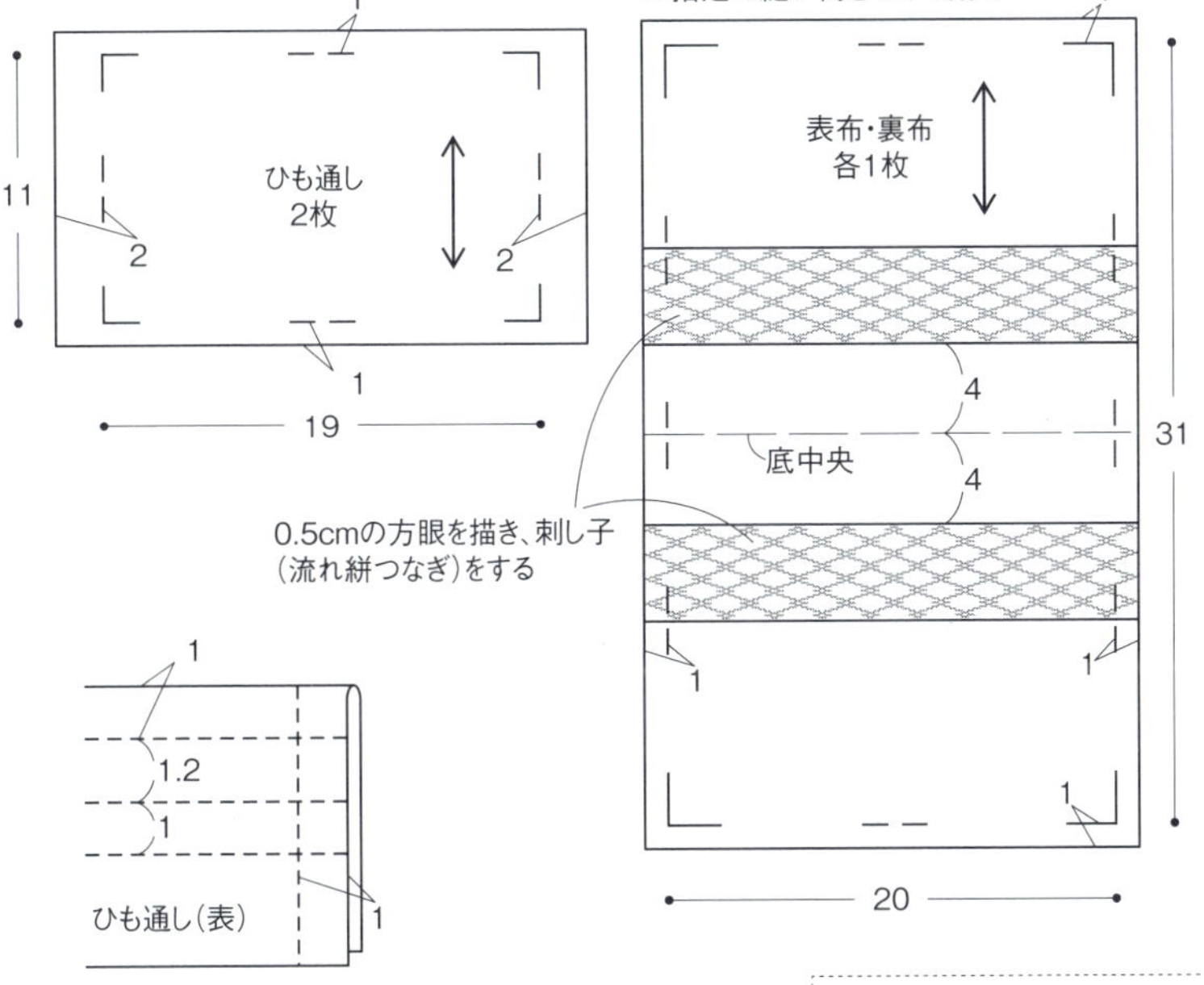

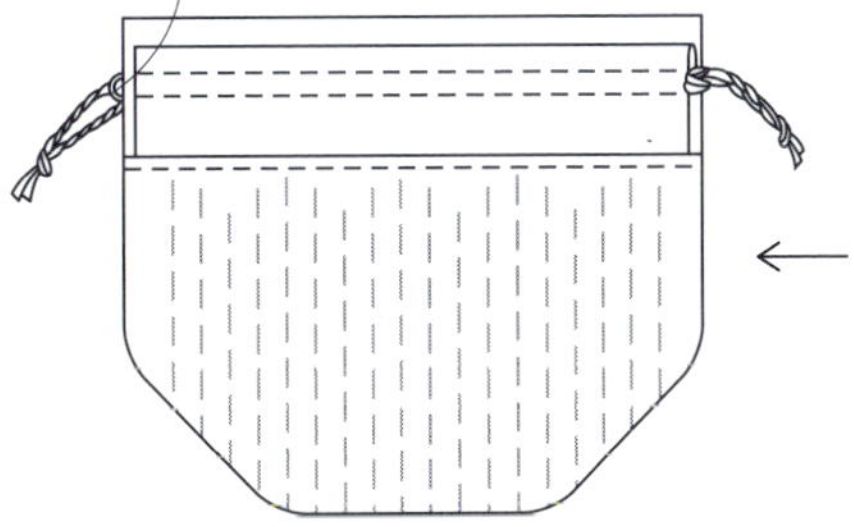

つかめる鍋敷き p.12

材料

布…表布　藍染めの木綿２種

　　各 15 × 25㎝

　　裏布　藍染めの木綿　25 × 25㎝

　　捨て布　25 × 25㎝

　　ループ　5 × 15㎝

糸…ダルマ刺し子糸<合太>

　　きなり（2）を藍染めにして使用

　　／２本どり

接着キルト芯…20 × 20㎝

でき上がりサイズ

各約縦 19.5 ×横 19.5㎝

※指定の縫い代をつけて裁つ

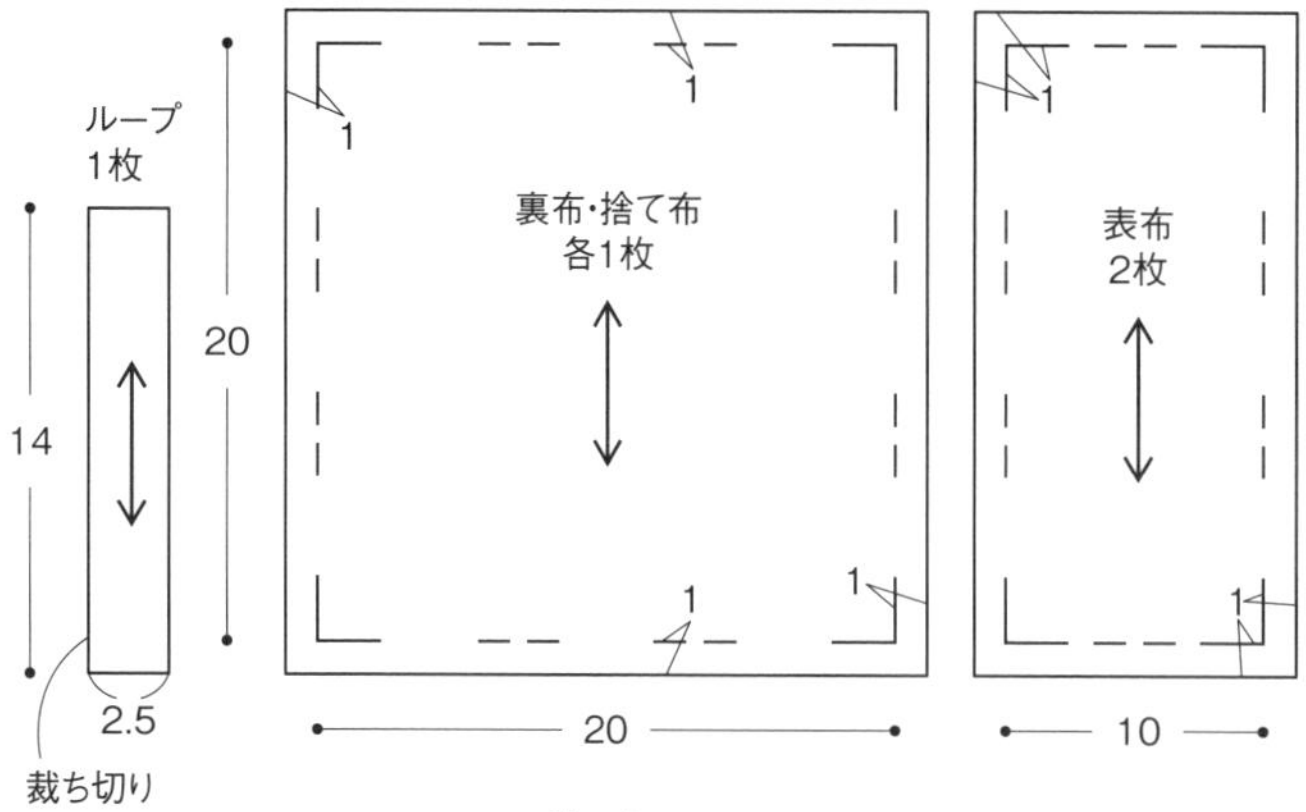

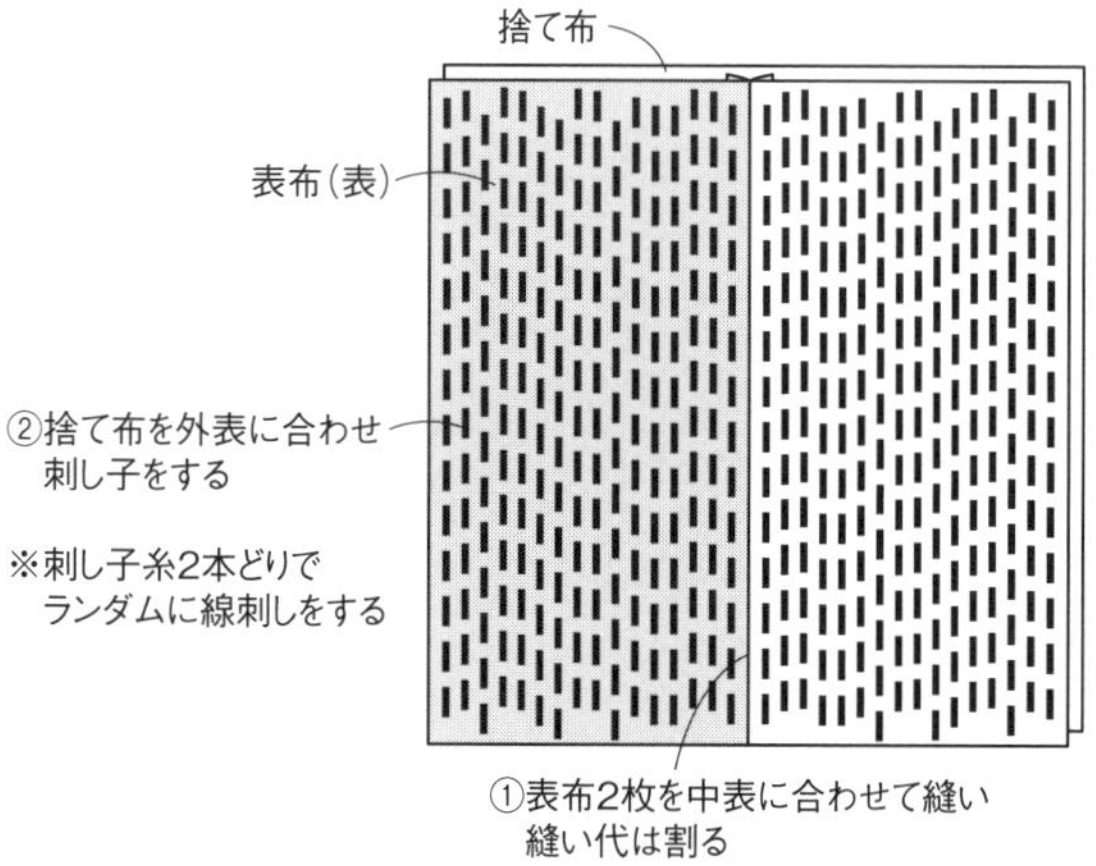

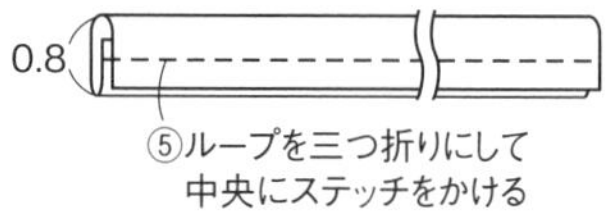

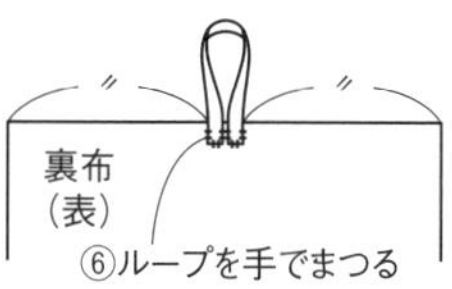

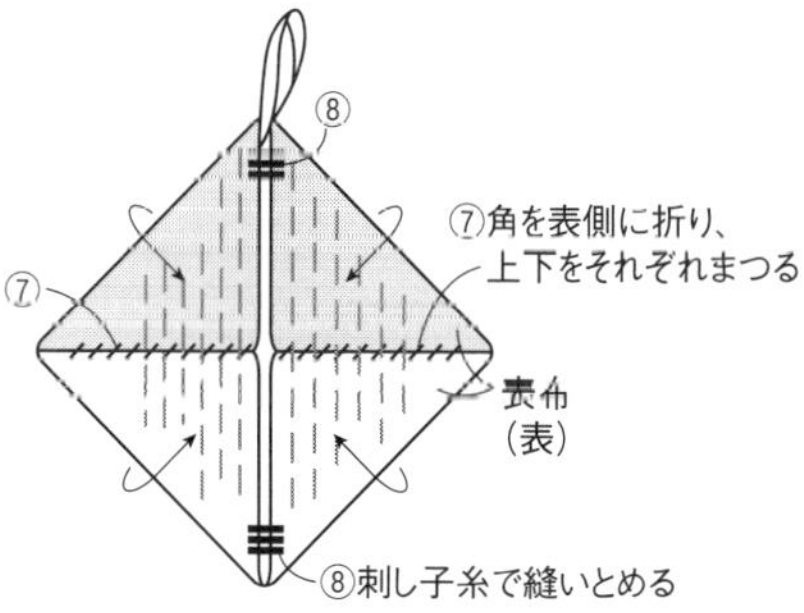

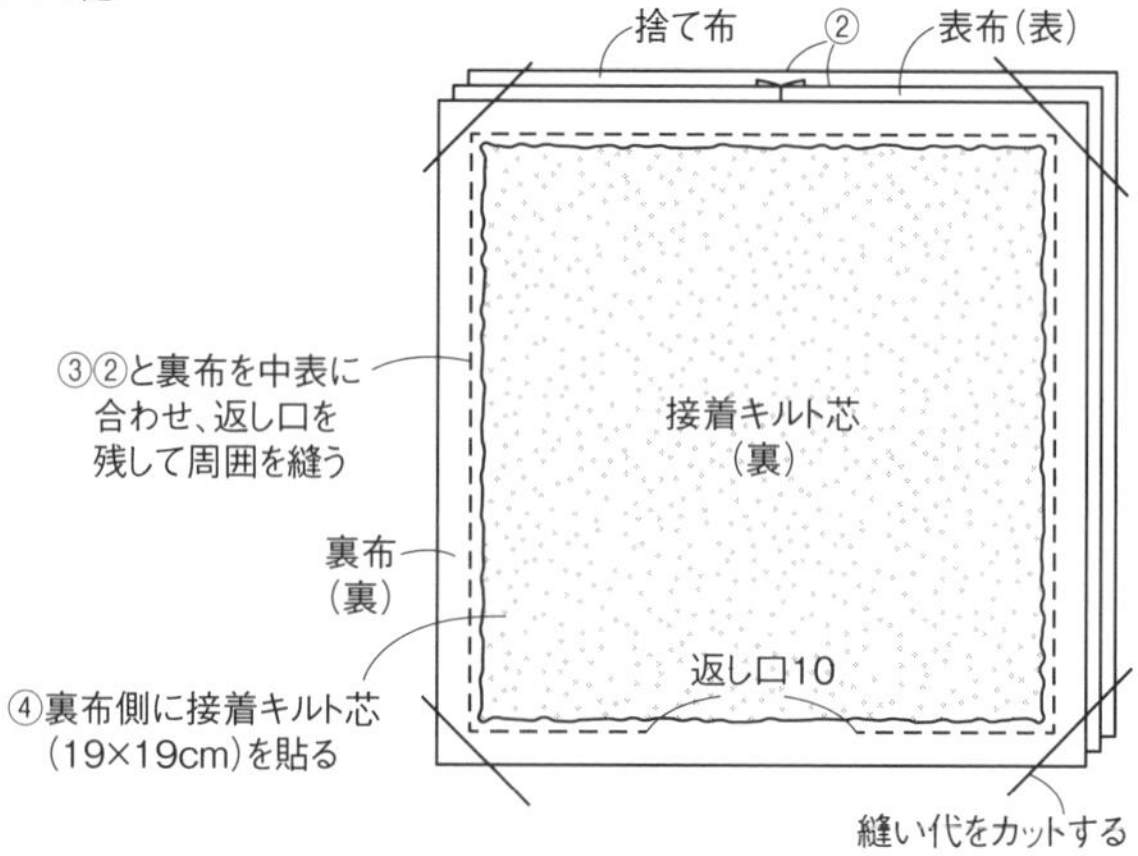

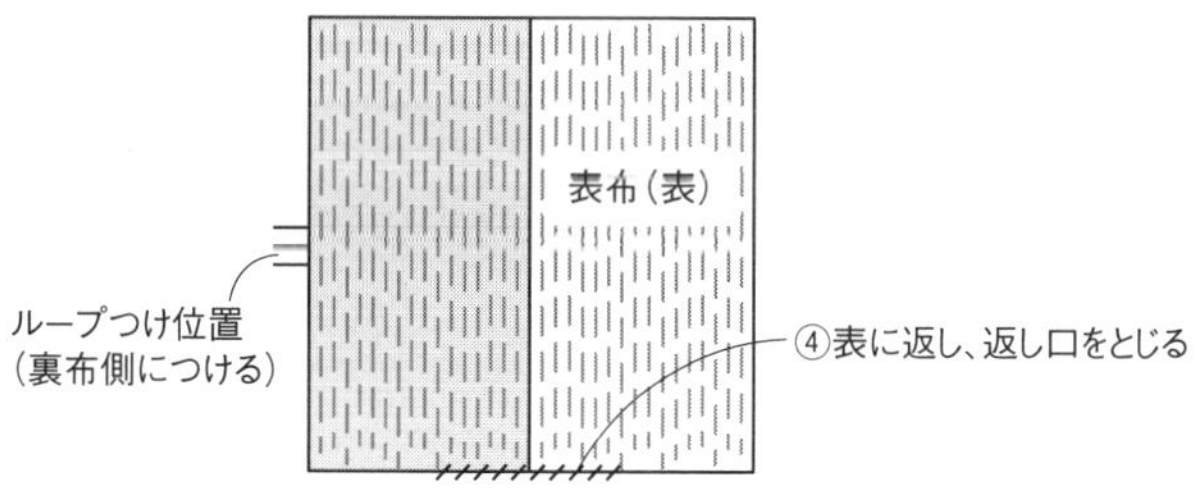

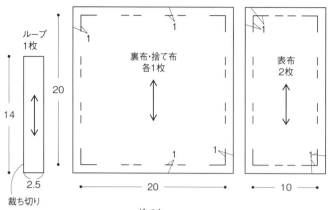

p.20

手ぬぐいストール

材料

布…藍染めした手ぬぐい
　33cm幅×２枚
糸…草木染めの絹糸
　a 茶色／１本どり
　b 茶色・藍色・赤／各１本どり

でき上がりサイズ（フリンジは含まない）

a33cm幅×長さ 164cm
b33cm幅×長さ 157cm

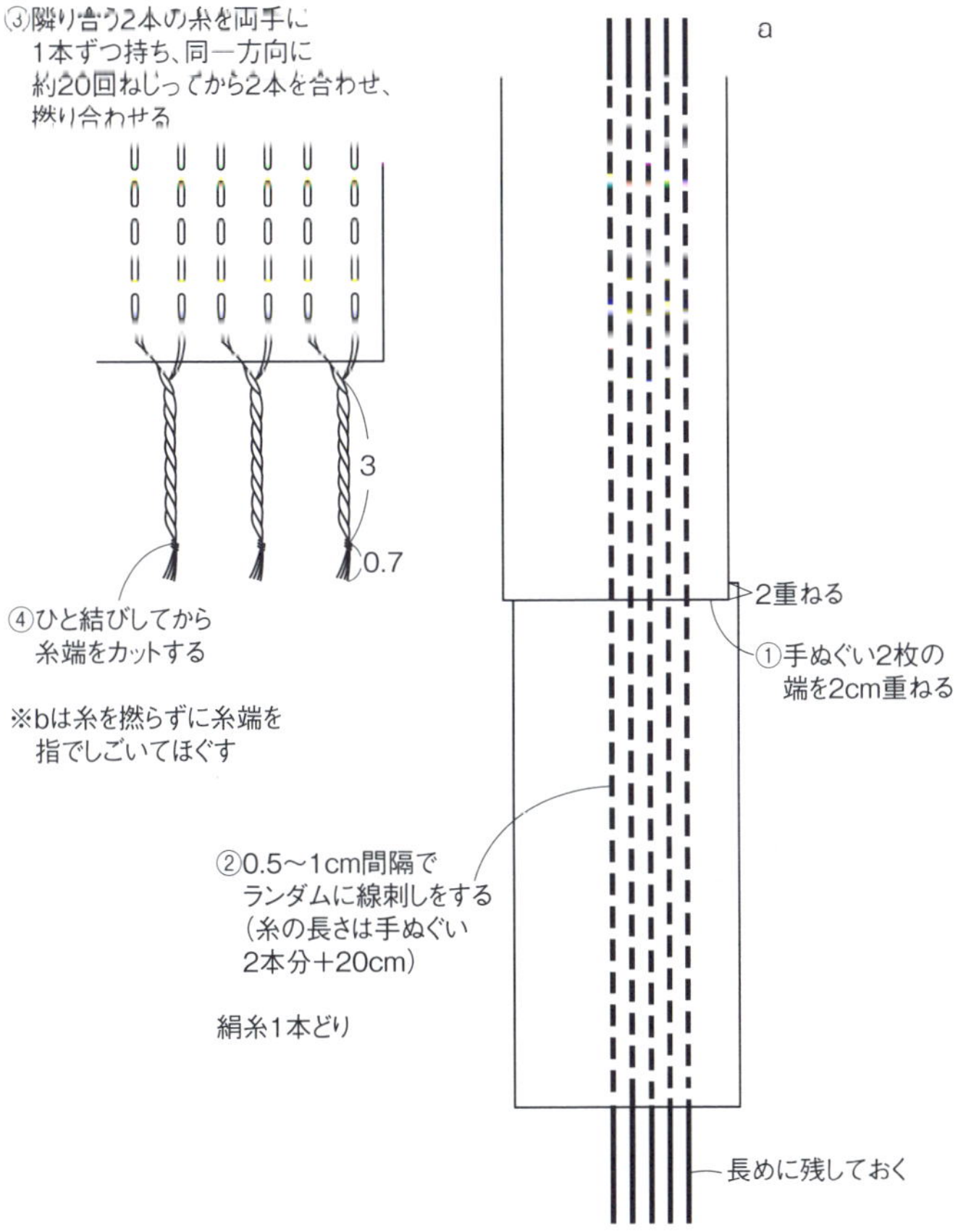
③隣り合う2本の糸を両手に
1本ずつ持ち、同一方向に
約20回ねじってから2本を合わせ、
撚り合わせる
3
0.7
④ひと結びしてから
糸端をカットする
※bは糸を撚らずに糸端を
指でしごいてほぐす
a
2重ねる
①手ぬぐい2枚の
端を2cm重ねる
②0.5～1cm間隔で
ランダムに線刺しをする
（糸の長さは手ぬぐい
2本分＋20cm）
絹糸1本どり
長めに残しておく

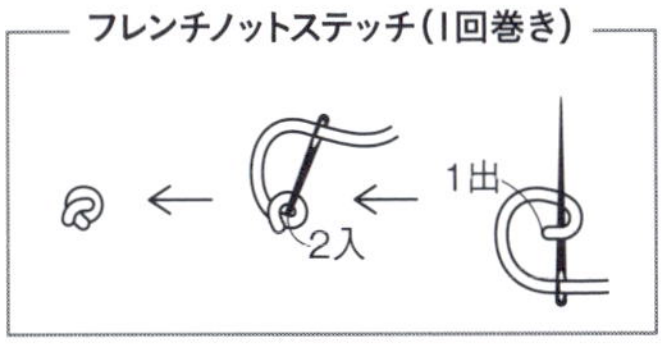
フレンチノットステッチ（1回巻き）
1出
2入

おにぎり包み（p.65）の実物大図案

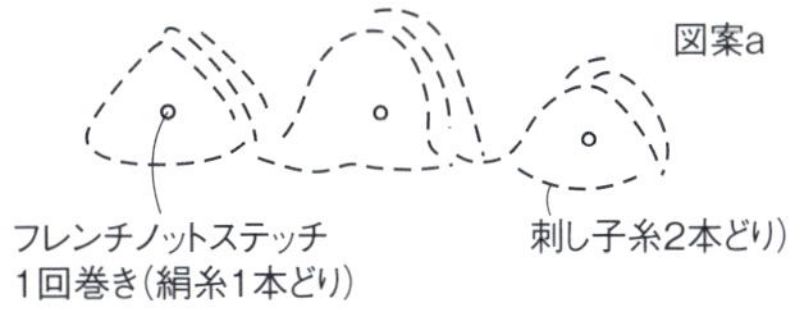
図案a
フレンチノットステッチ
1回巻き（絹糸1本どり）
刺し子糸2本どり）

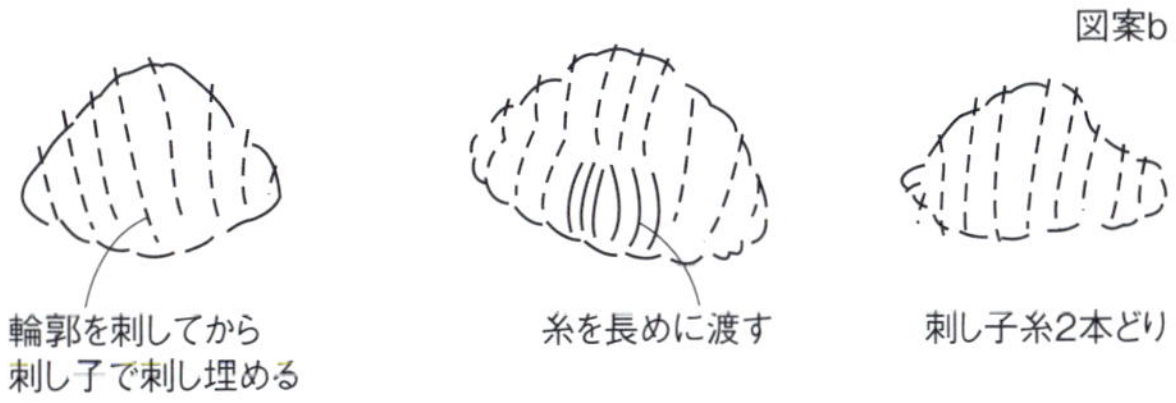
図案b
輪郭を刺してから
刺し子で刺し埋める
糸を長めに渡す
刺し子糸2本どり

トートバッグ

p.16

材料

布…表布

A オフホワイトの木綿　50 × 40㎝

B・持ち手　藍染めの木綿

70 × 40㎝

裏布　藍染めの木綿　50 × 70㎝

糸…ダルマ刺し子糸<細>

水色（26）・藍（6）／各 2 本どり

※作品はきなり（2）を藍染めにして使用

でき上がりサイズ

約縦 27.5 × 横 34㎝、まち幅約 11㎝

※指定以外縫い代1cmつけて裁つ

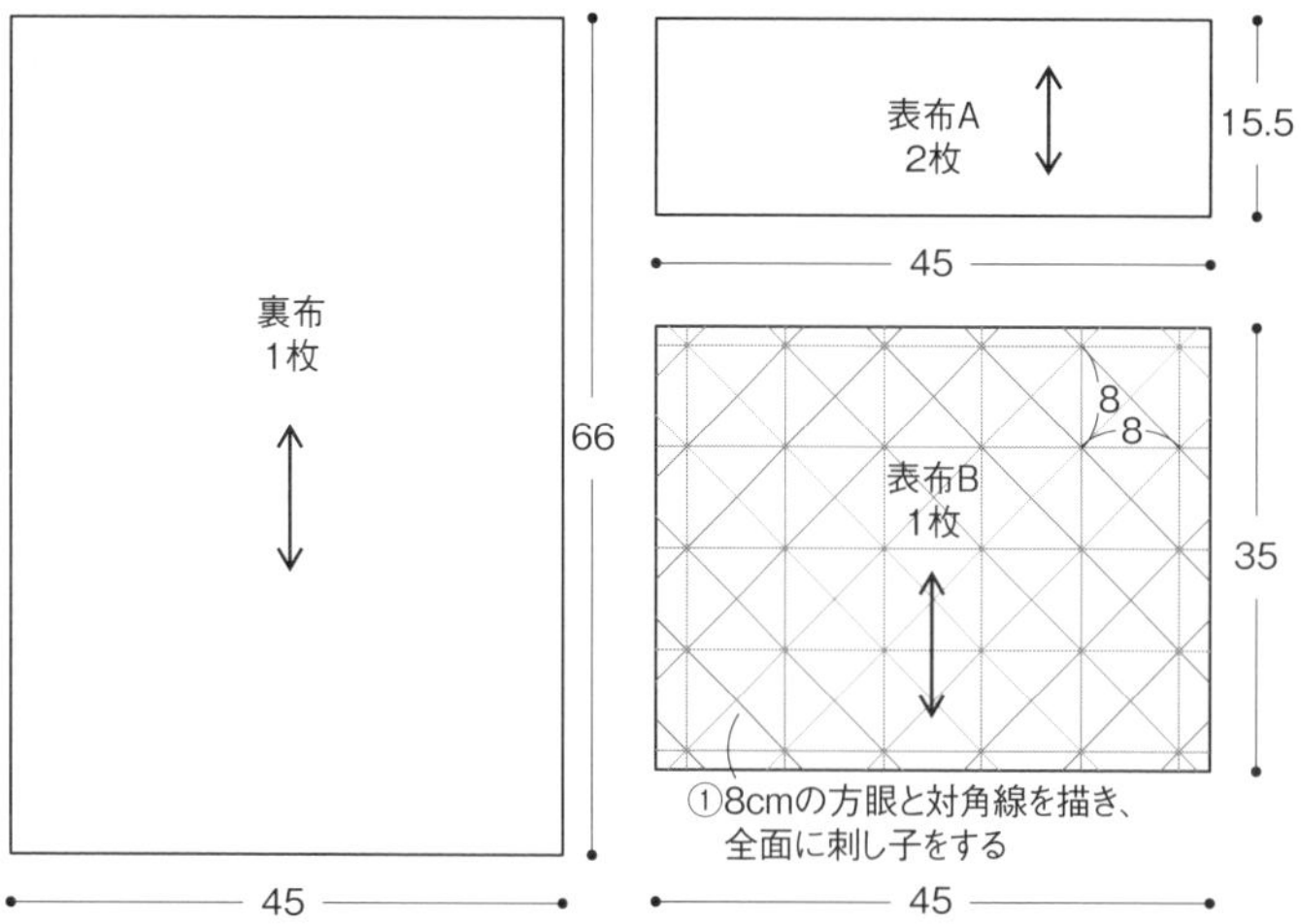

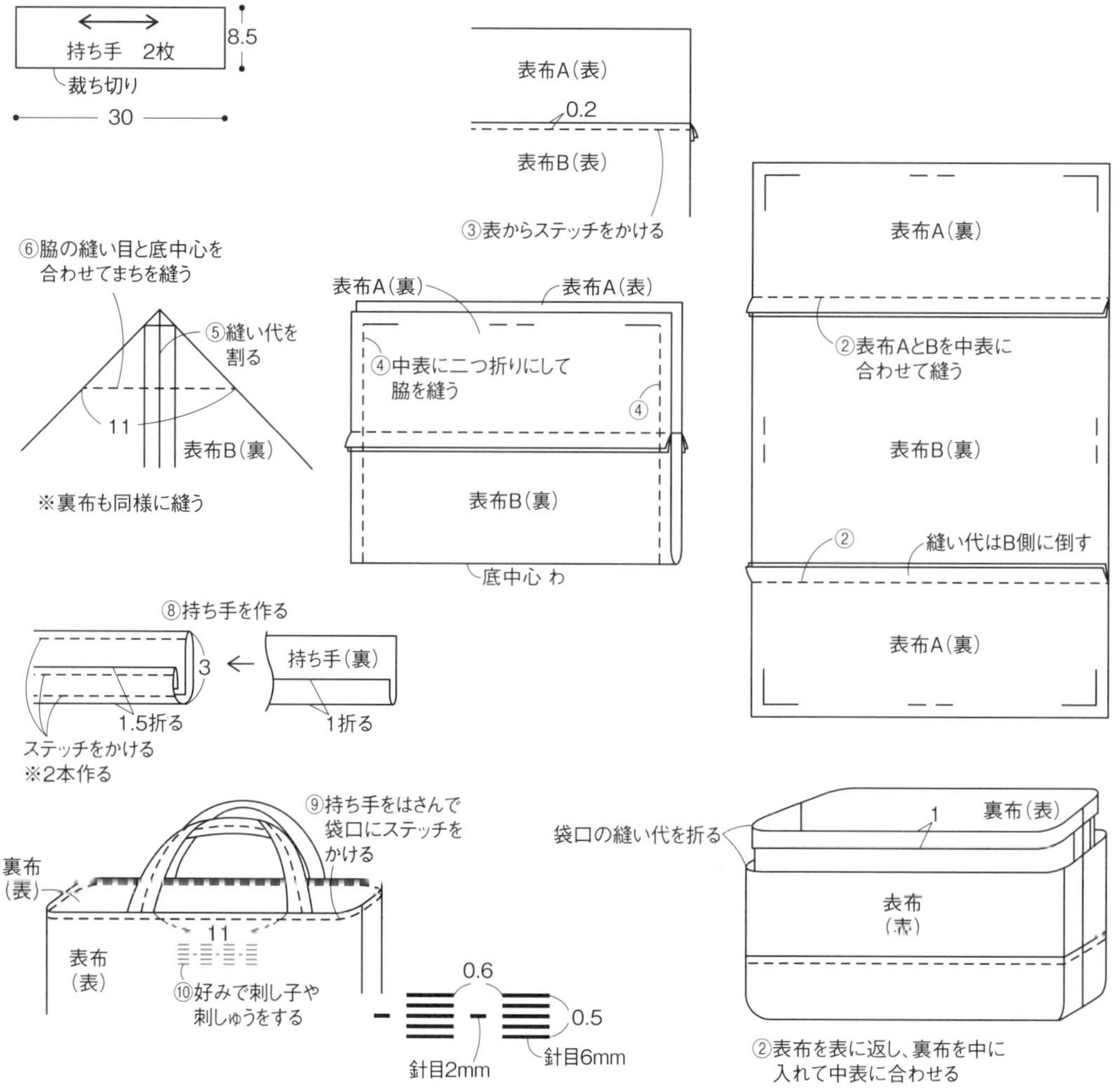

p.48お繕い①

＊ バリエーション1

1

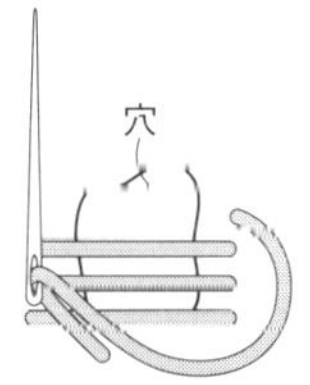

穴よりひとまわり大きく
横に糸を渡す

2

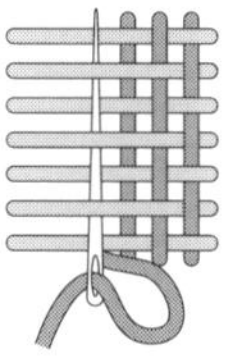

1で渡した糸に
上下交互に織る
ようにくぐらせる

3

＊ バリエーション2

1

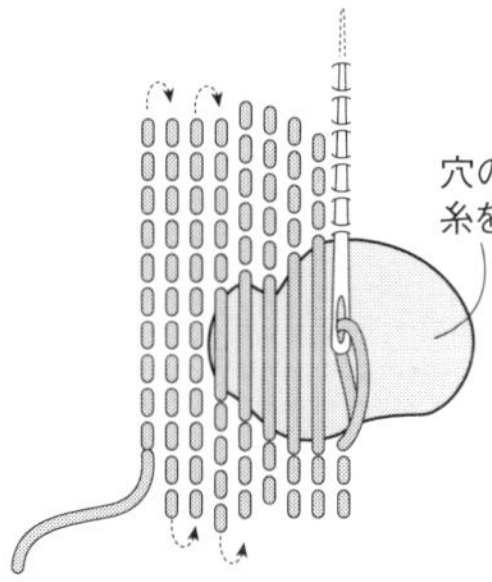

2

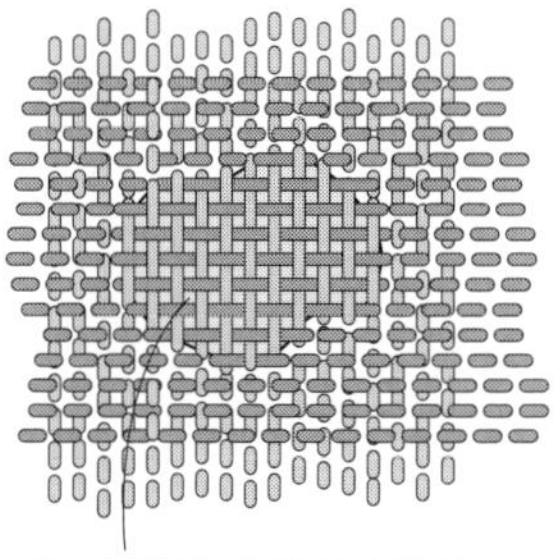

穴の部分は、先に渡した糸に
上下交互に糸を通す

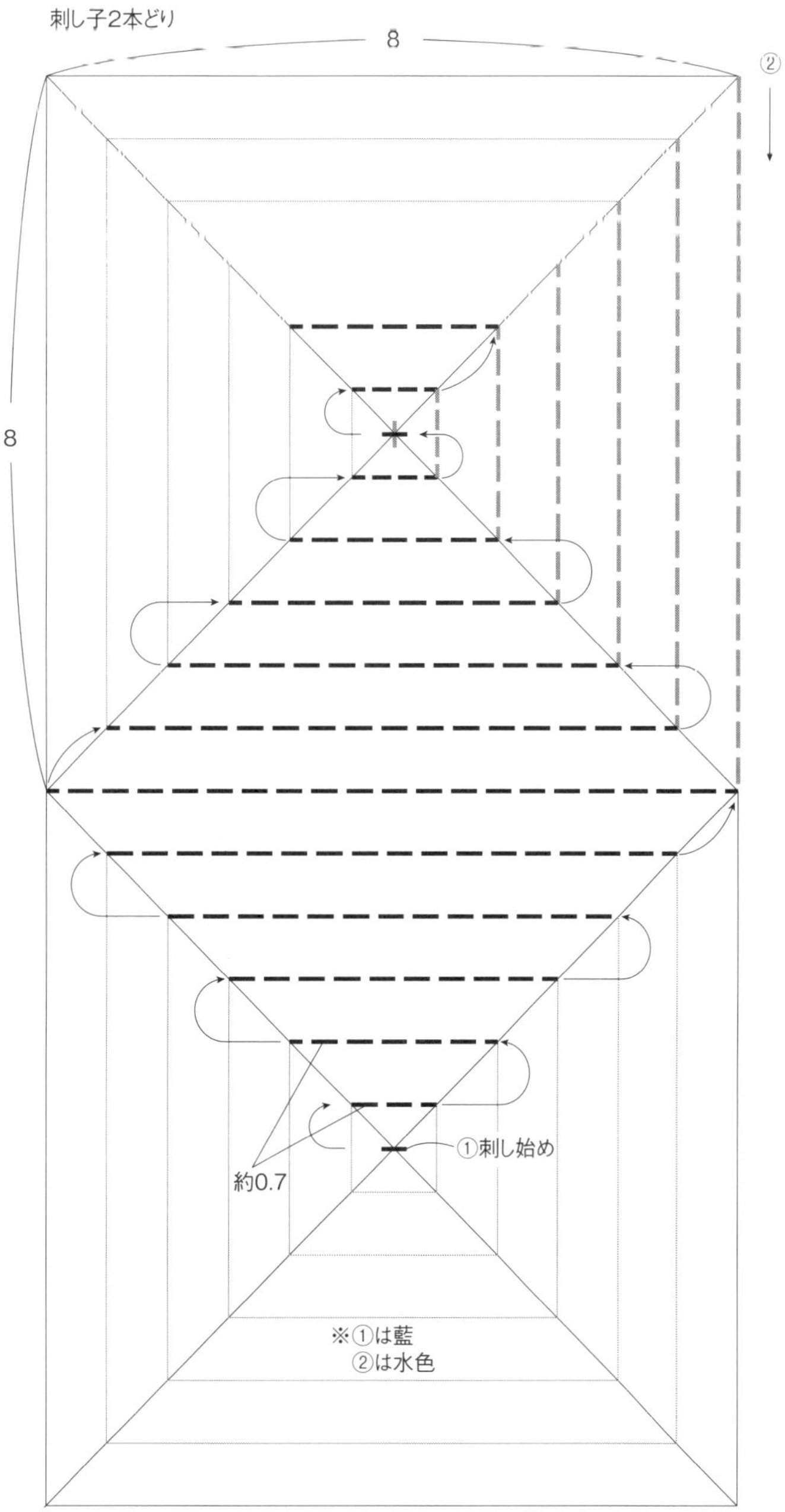

※針目は3～4mm

※布に8cmの方眼の対角線を描く
横のライン(①)をすべて刺し終えたら
布の向きと糸の色を替え、縦のライン(②)を刺す

p.42

米刺し

刺し子糸1本どり

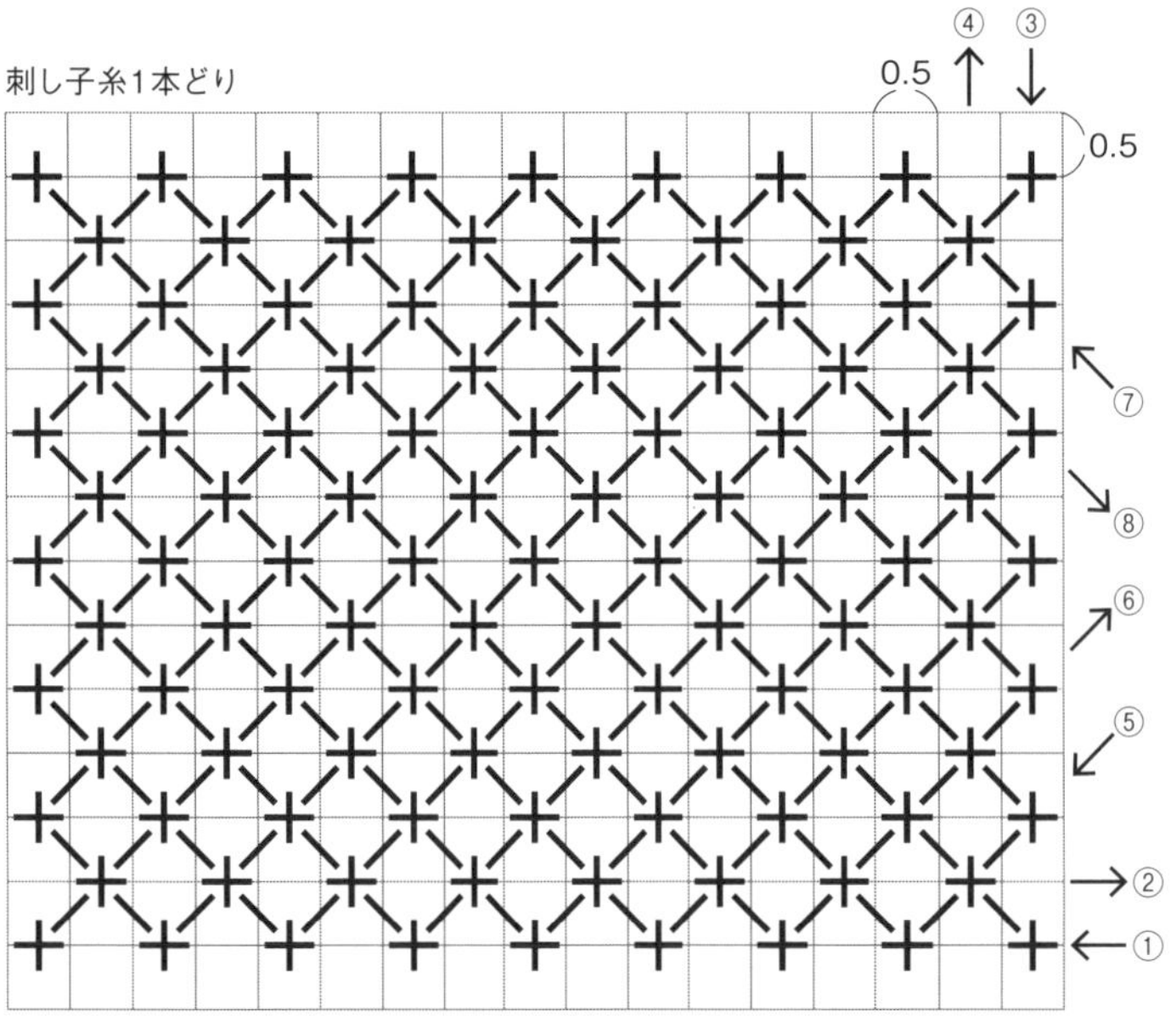

※詳しい刺し方はp.26参照

※針目は4mm

p.42

枡刺し

刺し子糸1本どり

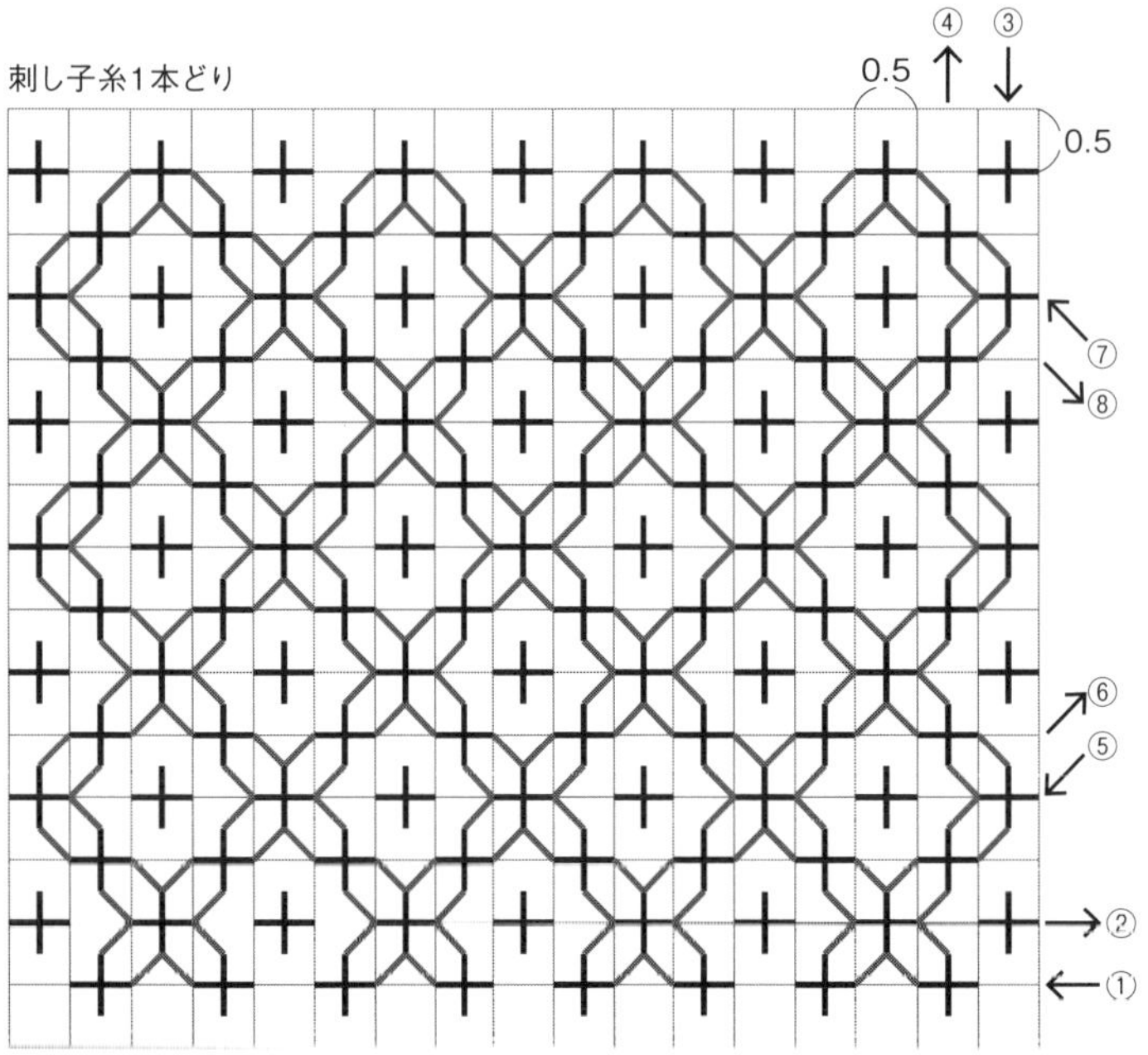

※横のラインをすべて刺し
縦のラインをすべて刺してから
斜めのラインを刺す

※針目は5mm

p.43

花十字刺し

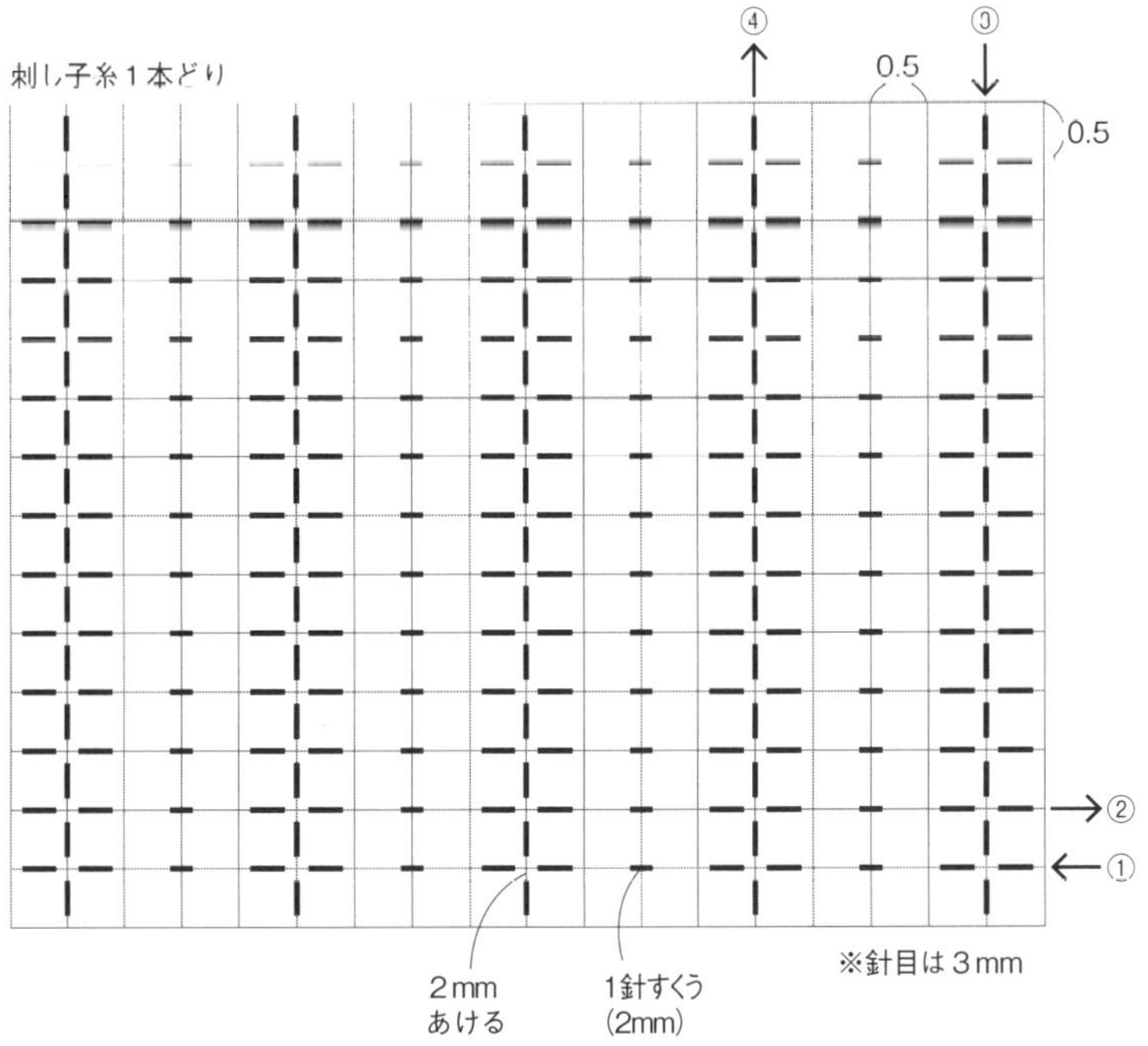

p.43

米の花刺し

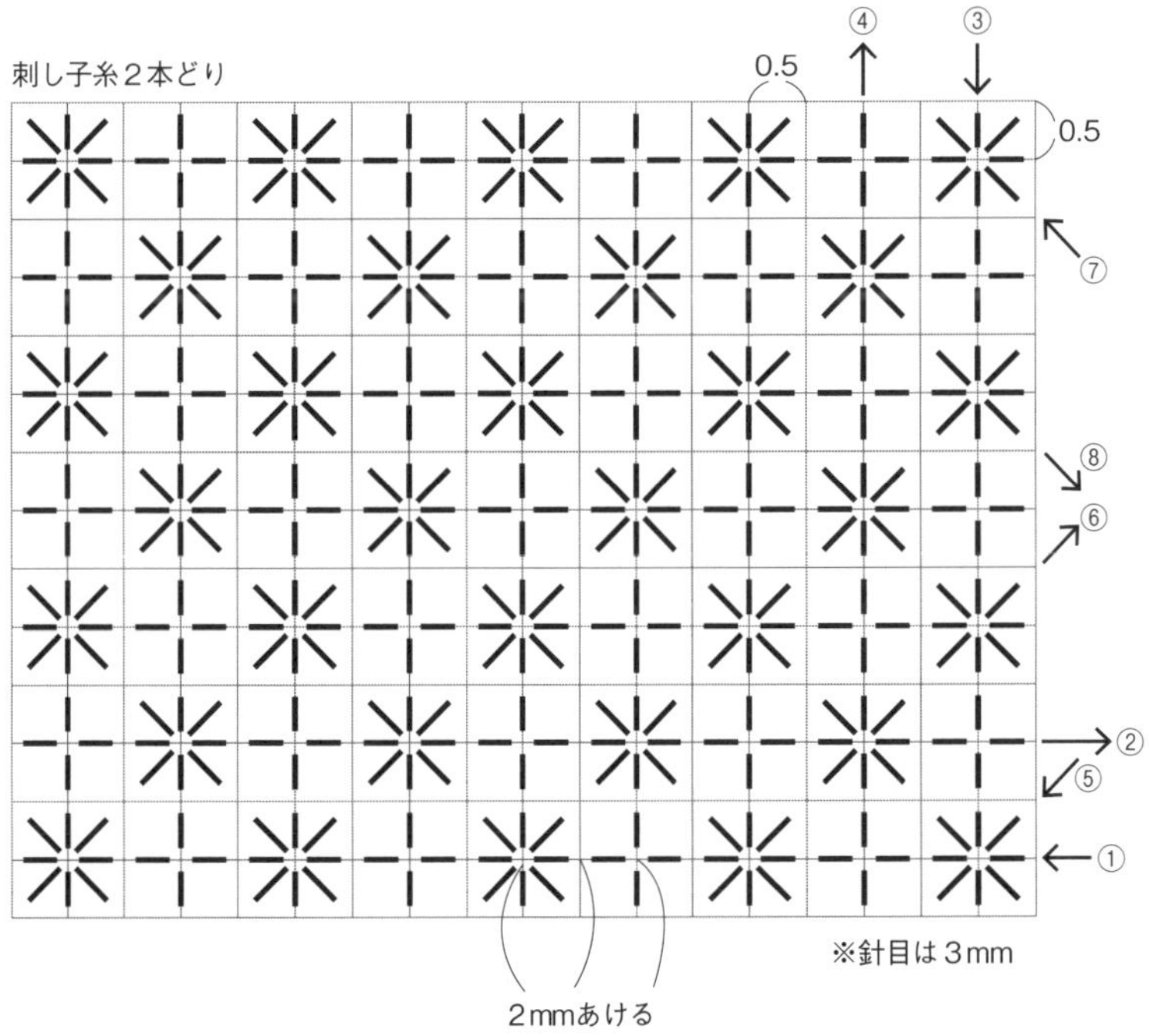

p.44

絣つなぎ

刺し子糸2本どり

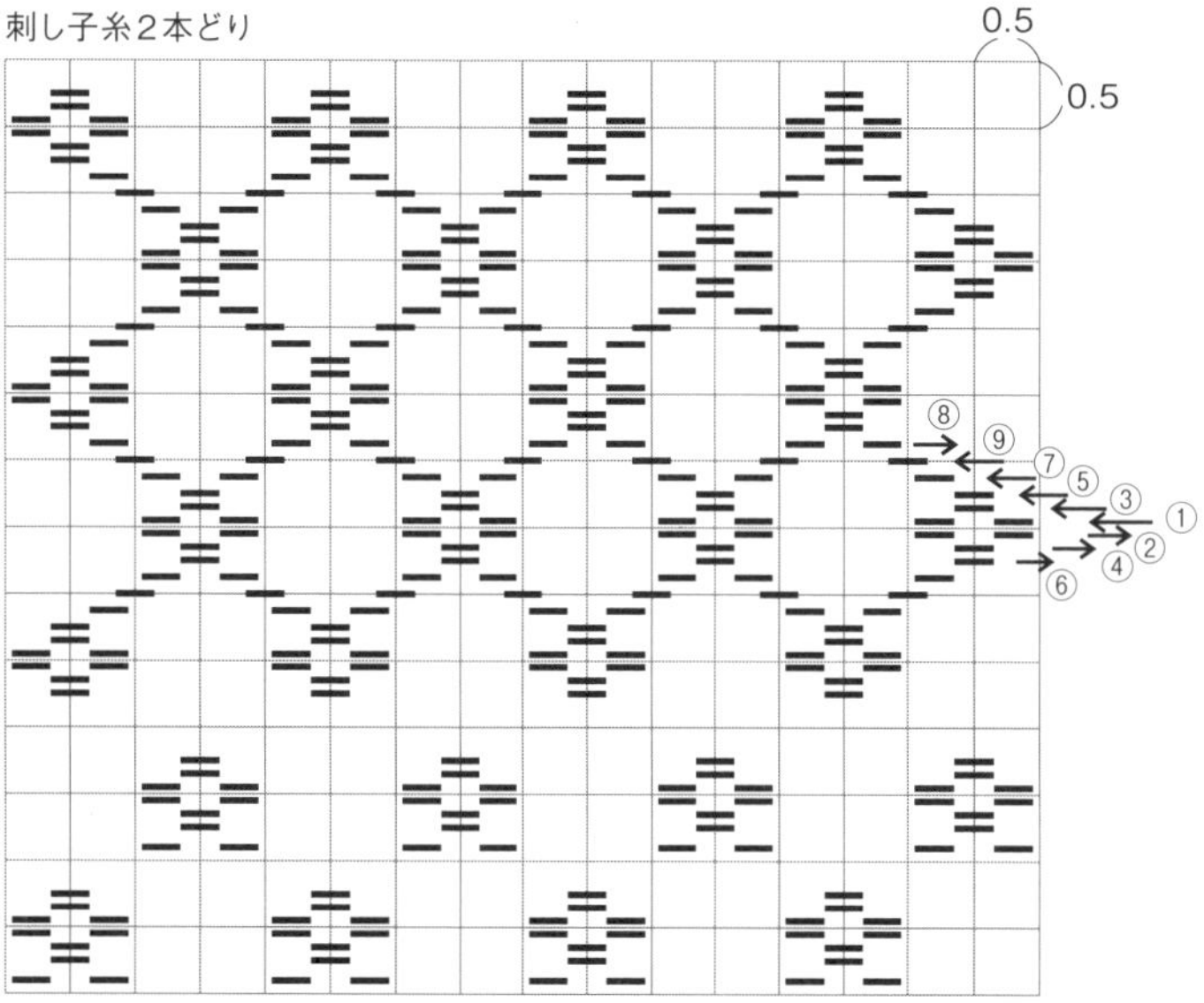

※案内線に沿って横一列に続けて刺す
※先に絣の模様（①～⑥）を刺し、
その間をつなぐように⑦⑧⑨を刺す
※①と②の針目は少し長めに、③～⑥は少し短めに刺し
横長の模様になるよう意識する

※針目は3mm

p.44

花亀甲

刺し子糸2本どり

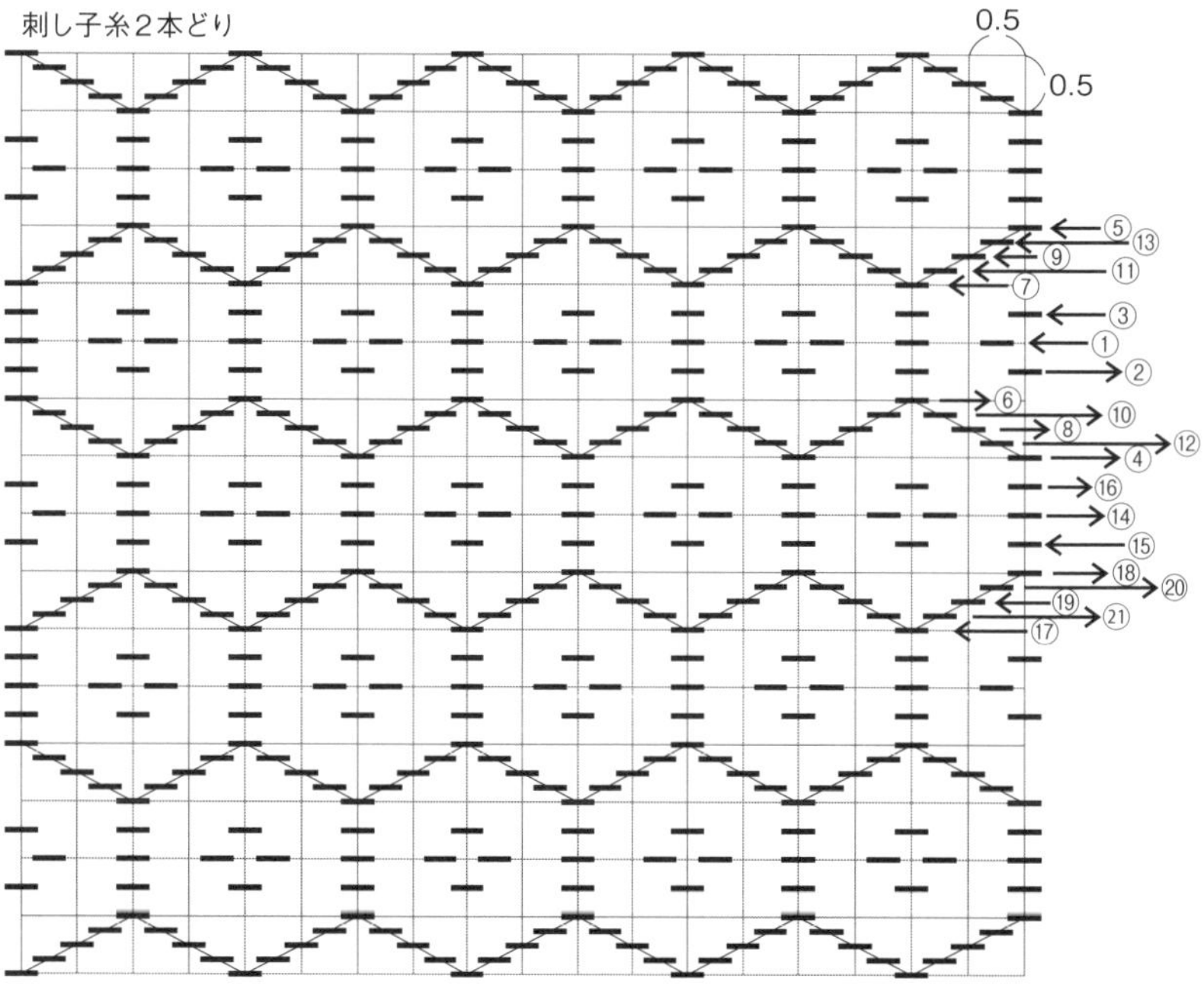

※針目は3mm

地刺し①

p.45

刺し子糸2本とり

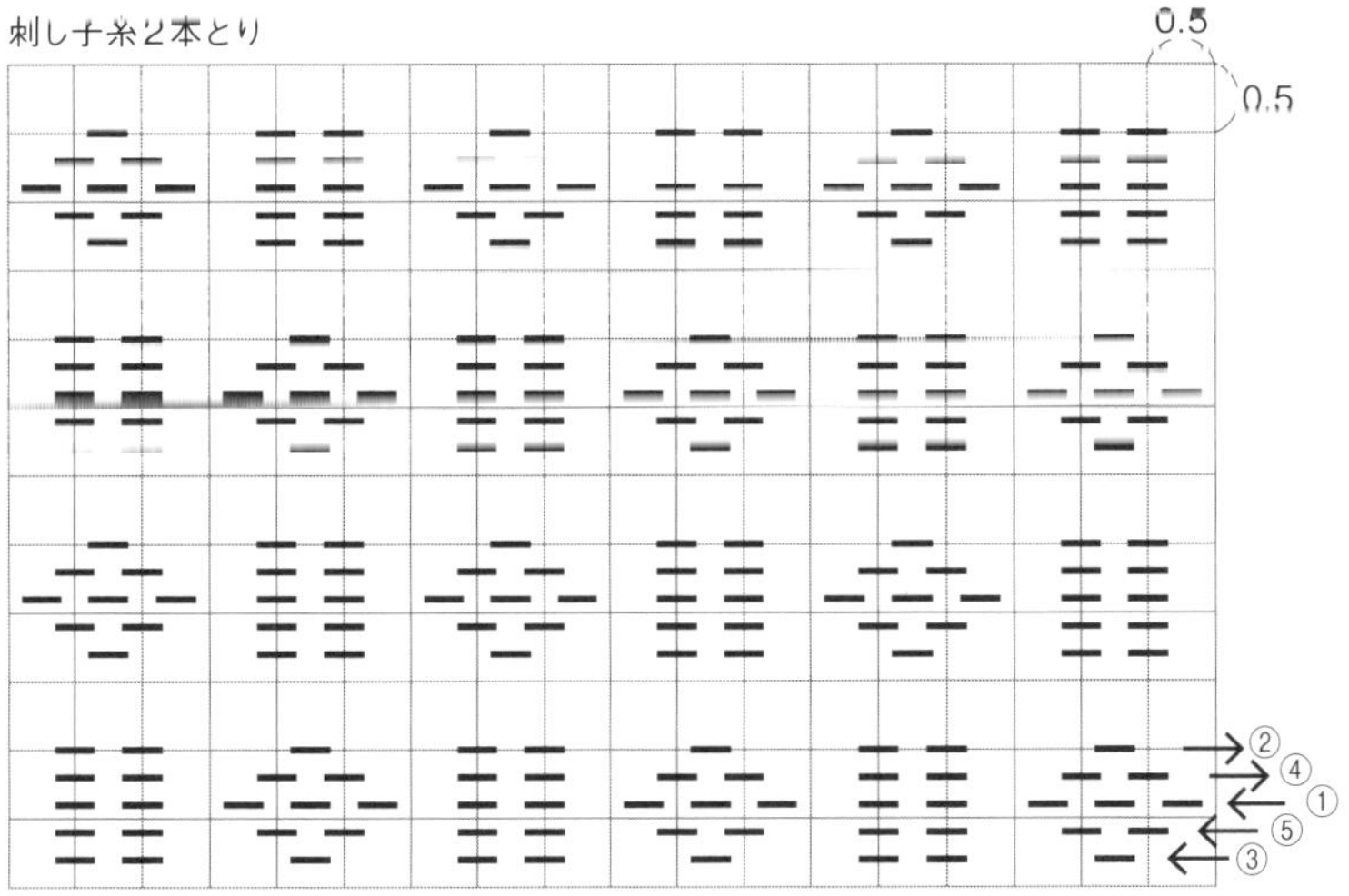

※針目は3mm

変わり菱刺し

p.45

刺し子糸2本とり

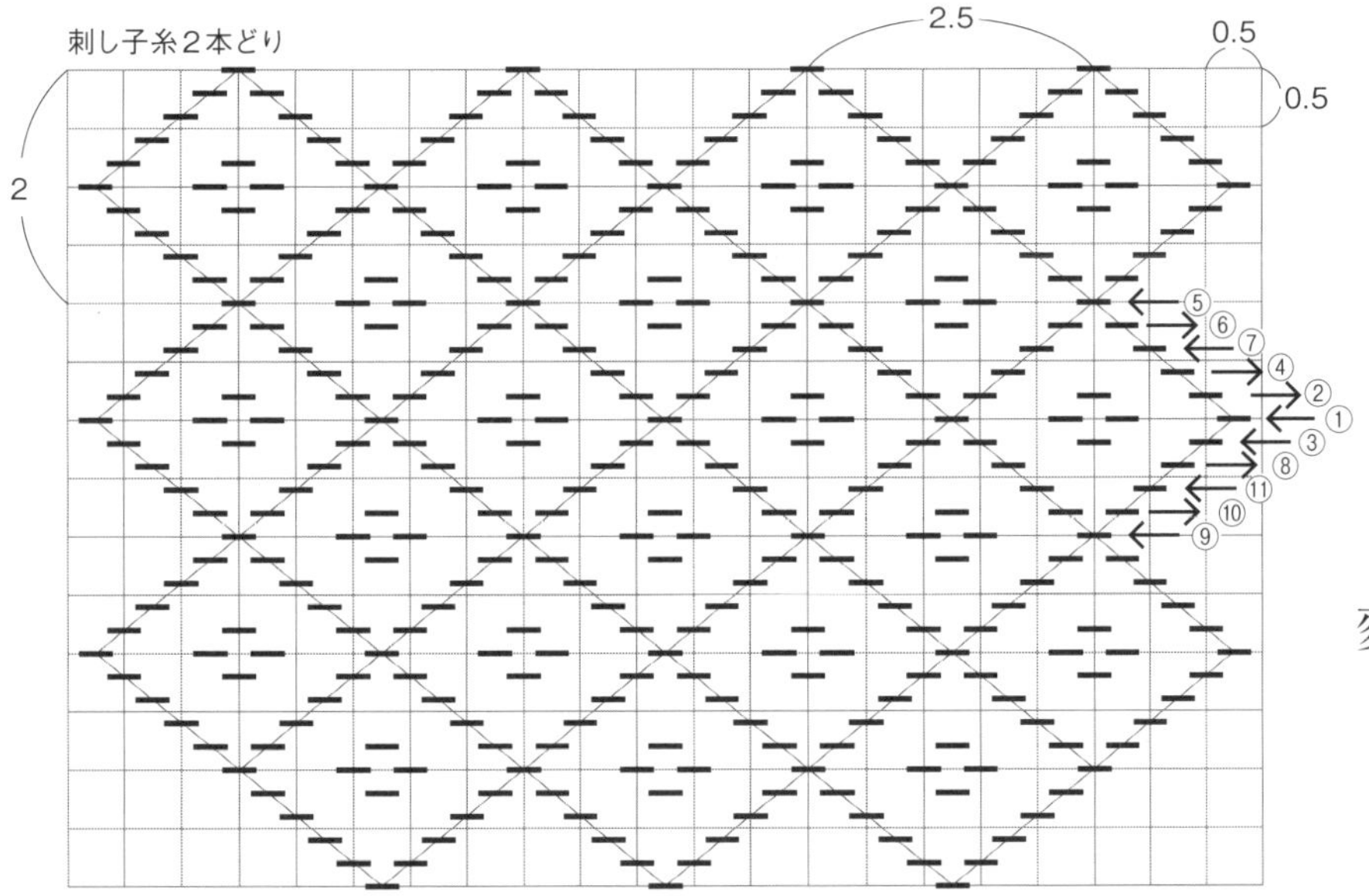

※針目は3mm

p.46

花菱

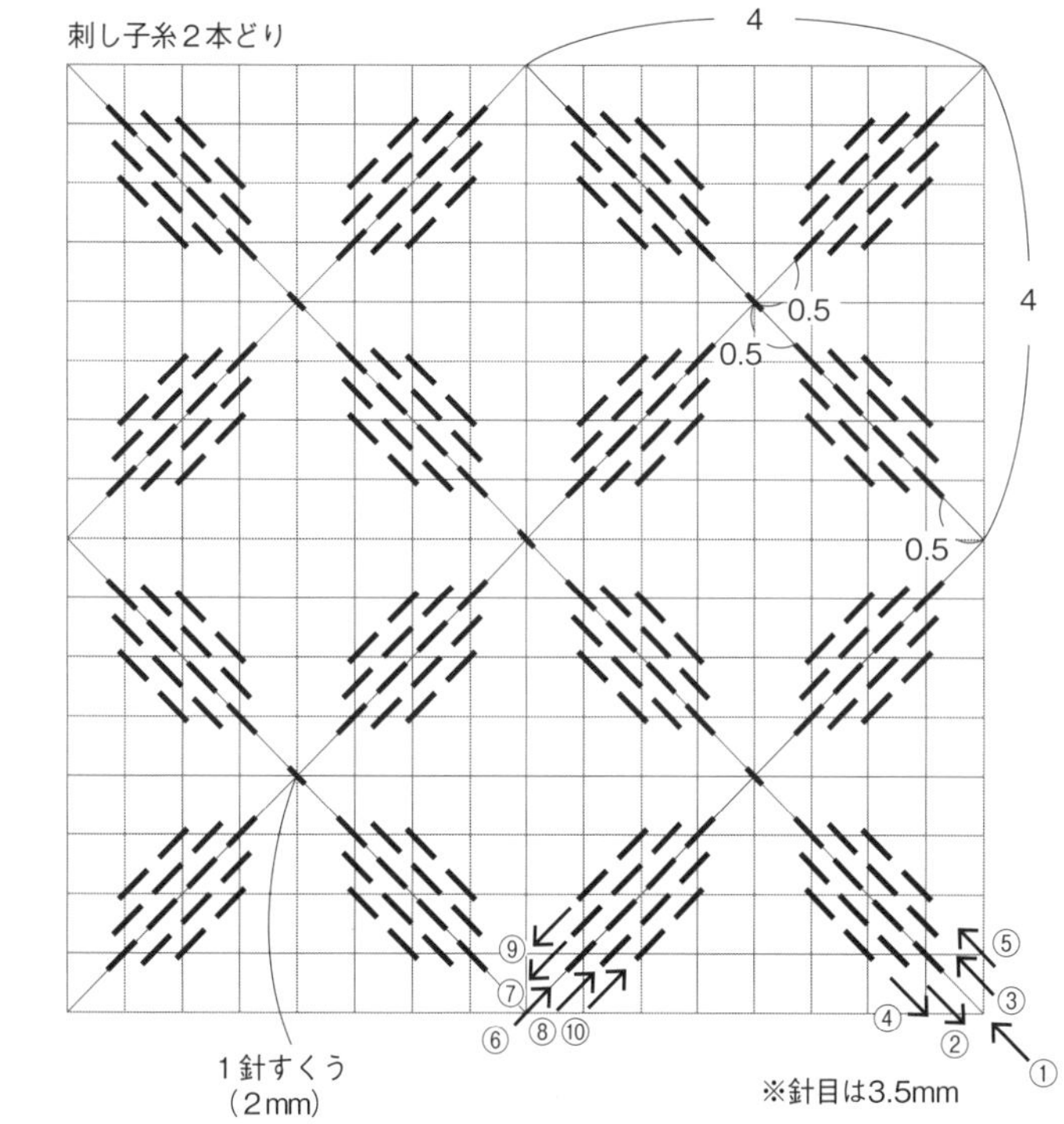

p.46

旗刺し

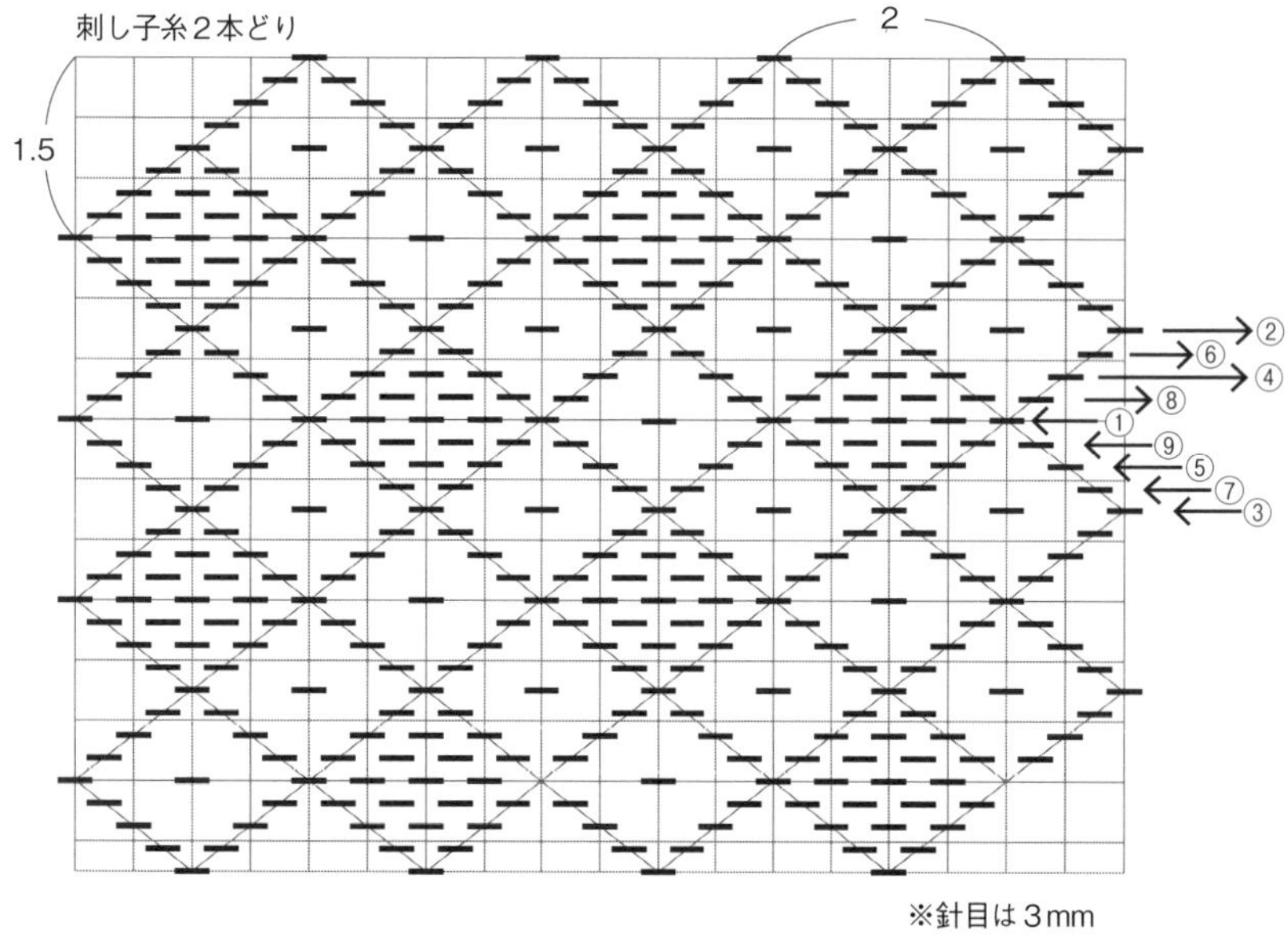

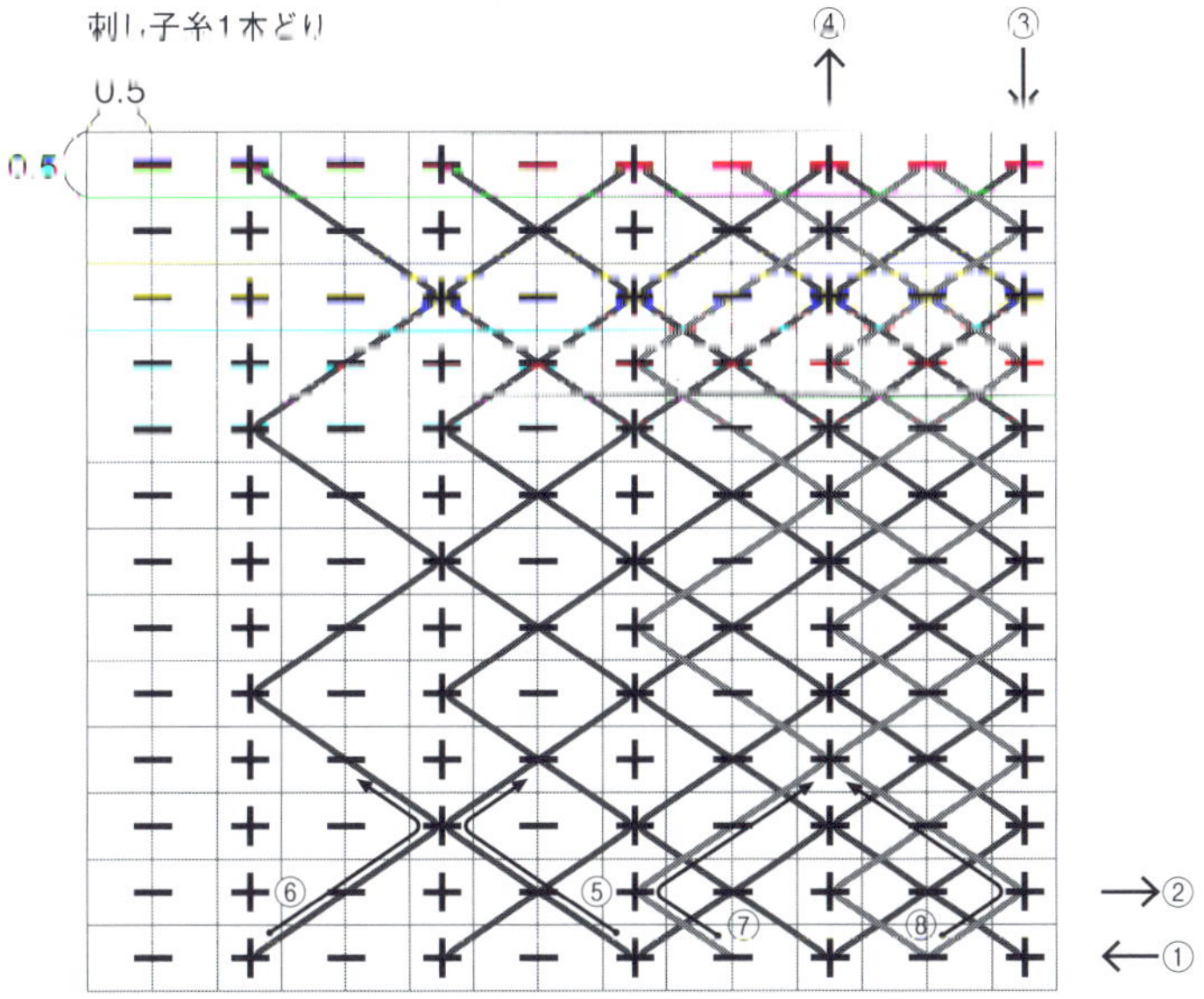

※詳しい刺し方はp.28参照　　※針目は3mm

p.47

本十字菱掛け

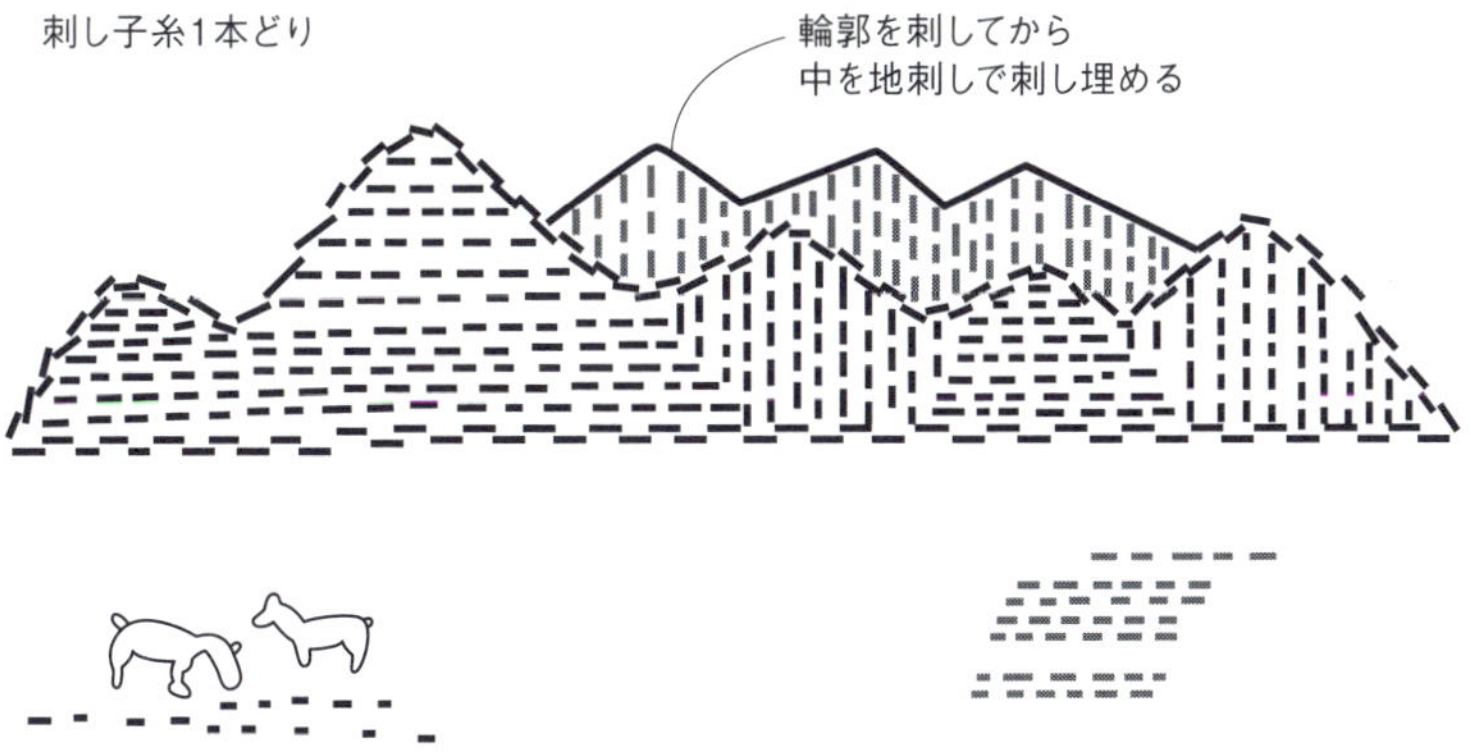

p.47

地刺し②

飯塚咲季

大学進学をきっかけに山形県で10年過ごし、刺し子と出合う。現在、群馬県・高山村在住。「お針屋 艸絲」を主宰するほか、「カエルトープ」を拠点にさまざまな活動を行っている。日本ヴォーグ社の通信講座テナライ「飯塚咲季さんの刺し子レッスン」も大好評。
https://kaeru-top.wixsite.com/kaeru

製作協力

阿部和子（p.07 ブローチ）　桐井恵理（p.07 ブローチ）
お針屋 艸絲　奥山まつ　斎藤悦子　たか朋　仁藤美則

Staff

アートディレクション／藤崎良嗣
ブックデザイン／植村明子 pond inc.　撮影／蜂巣文香
トレース／まつもとゆみこ　トレース・編集協力／八文字則子
編集・構成／梶 謡子　編集担当／石上友美

あなたに感謝しております　We are grateful.

手づくりの大好きなあなたが、
この本をお選びくださいましてありがとうございます。
内容の方はいかがでしたでしょうか？
本書が少しでもお役に立てば、こんなにうれしいことはありません。
日本ヴォーグ社では、手づくりを愛する方とのおつき合いを大切にし、
ご要望におこたえする商品、サービスの実現を常に目標としています。
小社および出版物について、何かお気づきの点やご意見がございましたら、
何なりとお申し出ください。そういうあなたに、私共は常に感謝しております。

株式会社日本ヴォーグ社　社長　瀬戸信昭　FAX03-3383-0602

日本ヴォーグ社関連情報はこちら
（出版、通信販売、通信講座、スクール・レッスン）
http://www.tezukuritown.com/　手づくりタウン　検索

暮らしの中のちいさな手しごと

刺し子の小ものとお繕い

発行日	2019年11月16日
著者	飯塚咲季
発行人	瀬戸信昭
編集人	今 ひろ子
発行所	株式会社　日本ヴォーグ社 〒164-8705　東京都中野区弥生町5-6-11 TEL 03-3383-0634（編集）　03-3383-062（販売）
出版受注センター	TEL 03-3383-0650　FAX 03-3383-0680
振替	00170-4-9877
印刷所	株式会社シナノ

Printed in Japan　© Saki IIDUKA 2019
NV70555　ISBN978-4-529-05942-8　C5077